CRISE EM CRISE

CRÍTICA HOJE 6

CONSELHO EDITORIAL

Beatriz Mugayar Kühl – Gustavo Piqueira
João Angelo Oliva Neto – José de Paula Ramos Jr.
Lincoln Secco – Luís Bueno – Luiz Tatit
Marcelino Freire – Marco Lucchesi
Marcus Vinicius Mazzari – Marisa Midori Deaecto
Miguel Sanches Neto – Paulo Franchetti – Solange Fiúza
Vagner Camilo – Wander Melo Miranda

PAULO FRANCHETTI

Crise em Crise

NOTAS SOBRE POESIA E CRÍTICA
NO BRASIL CONTEMPORÂNEO

Copyright © 2021 by Paulo Franchetti

Direitos reservados e protegidos pela Lei 9.610 de 19 de fevereiro de 1998.
É proibida a reprodução total ou parcial sem autorização,
por escrito, da editora.

Dados Internacionais de Catalogação na Publicação (CIP)
(Câmara Brasileira do Livro, SP, Brasil)

Franchetti, Paulo
*Crise em Crise: Notas sobre Poesia e Crítica no
Brasil Contemporâneo* / Paulo Franchetti. – Cotia,
SP: Ateliê Editorial, 2021. – (Coleção Crítica Hoje, 6)

ISBN 978-65-5580-023-4

1. Poesia brasileira – História e crítica   I. Título.
II. Série.

20-46581   CDD-869.109

Índices para catálogo sistemático:
1. Poesia: Literatura brasileira: História e crítica   869.109

Cibele Maria Dias – Bibliotecária – CRB-8/9427

Direitos reservados à

ATELIÊ EDITORIAL
Estrada da Aldeia de Carapicuíba, 897
06709-300 – Cotia – SP – Brasil
Tel.: (11) 4702-5915
www.atelie.com.br | contato@atelie.com.br
facebook.com/atelieeditorial | blog.atelie.com.br

Printed in Brazil 2021
Foi feito depósito legal

SUMÁRIO

Um Trabalho de Desmonte: Inexequível, mas Razoável –
Osvaldo Manuel Silvestre 9
   1. Do Autor 9
   2. Do Livro 12

I. SOBRE POESIA

1. Sobre o *Poema Sujo*, de Gullar. 27

2. Ferreira Gullar: Notas Sobre Heroísmo *31*

3. Na Beira do Andaime. 49

4. O "Poema-*Cocteil*" e a Inteligência Fatigada *57*

5. Funções e Disfunções da *Máquina do Mundo* 61

6. No Ar. 67

7. A Górgona do Sentido 71

8. Humor/Amor/Horror. 79

9. Caso Exemplar: A Poesia de Marcelo Tápia. 83

II. SOBRE CRÍTICA DE POESIA

10. Drummond: A Pedra no Meio do Caminho *103*

11. Cassiano Ricardo Ainda Espera uma Releitura *109*

8 CRISE EM CRISE

12. Literatura Literária. *113*

13. Leminski Revisitado. *117*

14. Crise de Verso *121*

15. A Crise em Crise *135*

16. Anotações Sobre Alguma Poesia. *151*

17. Notas Sobre Poesia e Crítica de Poesia. *167*

18. Considerações Sobre Crítica de Poesia Contemporânea *179*

19. Poesia Contemporânea e Crítica de Poesia *189*

20. Poesia em Tempo e em Espaços Digitais. *203*

Referências Bibliográficas. *219*

Índice Onomástico *223*

Um Trabalho de Desmonte
Inexequível, mas Razoável

OSVALDO MANUEL SILVESTRE
Universidade de Coimbra

1. DO AUTOR

NA VASTA OBRA DO CRÍTICO e professor universitário Paulo Franchetti, a poesia ocupa um lugar que o leitor interessado facilmente reconhece como central. Longe de configurar dedicação exclusiva, já que Paulo Franchettti ocupou boa parte da sua atenção com a ficção, e em particular com o romance oitocentista, a poesia preencheu desde logo as exigências de carreira académica com que o autor se confrontou, tendo dedicado à poesia concreta a sua tese de mestrado e à obra do poeta português Camilo Pessanha a sua tese de doutorado. Em ambos os casos, as obras resultantes marcaram o campo de estudos, quer se trate do livro *Alguns Aspectos da Teoria da Poesia Concreta* (1989), ainda hoje de leitura obrigatória para qualquer estudioso do Concretismo, quer se trate da edição crítica da *Clepsidra* (1995), de Camilo Pessanha, que abalou nos seus fundamentos a mitologia poética que acompanhava, como uma fatalidade, o rastro aurático do poeta, e que a acribia filológica de Franchetti reduziu às suas devidas proporções (o que lhe valeu um significativo cortejo de desafetos, em Portugal e não apenas). Estes dois trabalhos maiores ajudam-nos ainda a delinear o perfil de um autor que não hesita perante o estudo, então pioneiro na universidade, da poética de uma vanguarda tão epocal e internacional como o Concretismo – mas recua no tempo para se dedicar à pesquisa, minuciosa, quase detectivesca, mas sempre amorosa, dos pressupostos filológicos de uma das poesias maiores do idioma, ainda que quantitativamente escassa, na sua outra margem atlântica e europeia. Como o título do seu livro de 2007, *Estudos de Literatura Brasileira e Portuguesa*, indica, Paulo Franchetti é um estudioso dessas duas literaturas em português, num âmbito temporal que é basicamente o dos séculos XIX e XX, ou seja, o da modernidade literária, tal como o Romantismo a definiu inicial e duradouramente. No caso português, a sua atenção concentrou-se em particular em autores como Camilo Castelo Branco, Eça de Queirós, Oliveira Martins, o já referido Camilo Pessanha, o Fernando Pessoa da *Mensagem*, entre outros. No caso brasileiro, assinale-se a sua longa dedicação ao Romantismo, bem como ao arco que vai do Romantismo ao Simbolismo, de que é grande conhecedor, o que poderia ser demonstrado por duas obras de referência: a antologia *As Aves que Aqui Gorjeiam: A Poesia do Romantismo ao Simbolismo*, editada em Portugal em 2005 no âmbito da coleção Curso Breve de Literatura Brasileira, coordenada por Abel Barros Baptista para os Livros Cotovia, em rigor sem igual no Brasil; a edição de *Iracema*, de José de Alencar, em 2007, na coleção Clássicos Ateliê, edição paradigmática do que é revisitar um clássico, combinando atenção à letra do texto (e seus paratextos), recuperação do contexto e releitura *forte*, permitindo-nos reconquistar a obra na sua intensa, e insuspeitada, modernidade. Se acrescentarmos a isto o seu longo convívio com o realismo oitocentista brasileiro, mas em particular com a obra de Machado de Assis, patente em vários ensaios e na sua edição anotada de *Dom Casmurro*, o quadro da obra de Franchetti fica satisfatoriamente traçado, nas suas linhas gerais.

O quadro não deixa de ser curioso, pois por um lado parece aceitar alguns dos pressupostos fundacionais que os estudos literários brasileiros herdam de Antonio Candido, já que não recua para lá do Romantismo, ou seja, para lá daquele momento em que a questão da autonomia da literatura brasileira é formulada explicitamente, aceitando que o que fica para trás do sistema *em formação* são "manifestações literárias" pouco pertinentes para uma ideia de Literatura Brasileira. Por outro lado, este pressuposto candidiano é questionado pela sua dedicação ao estudo não apenas da literatura brasileira mas também da portuguesa, o que significa que Franchetti não subscreve o desinteresse dos estudos literários brasileiros contemporâneos pela literatura portuguesa, com a significativa ressalva de Fernando Pessoa, na sequência da tese de Candido segundo a qual com o modernismo o desinteresse da literatura brasileira pela portuguesa se tornou total e irrevogável[1]. Esta questão, que poderá parecer pouco pertinente para a consideração deste novo livro do autor, inteiramente dedicado a matéria brasileira, e que aqui tentarei apresentar, não o é assim tanto, pois creio que um certo cunho, aparentemente extraterritorial, da visada crítica que Franchetti lança sobre o panorama da poesia brasileira de hoje, resulta essencialmente de dois aspetos: por um lado, o fato de o seu enorme domínio do legado poético brasileiro conjugar tradição (do Romantismo ao Simbolismo, sem descurar as muitas faces do Parnasianismo) com vanguarda – e posso dar testemunho do privilégio que é ler poemas concretos com Franchetti ao lado – mas sem outorgar à vanguarda um poder decisionista quanto ao valor da produção poética passada ou presente; por outro lado, o fato de Franchetti dominar também o devir da poesia portuguesa moderna, de Antero de Quental e Pessanha a Pessoa e depois, o que lhe permite uma perspetiva comparada, dentro do idioma, pouco sensível aos *Diktats* mais ou menos teleológicos herdados quer do modernismo de 22 quer da neovanguarda concretista. Finalmente, creio que estes dois aspetos são ainda reforçados pela competência do autor na poesia oriental, em particular na produção japonesa de Haicai, competência essa que intensifica o seu desinvestimento numa perspetiva estritamente brasileira, e ocidental, da evolução da poesia, bem como pelo seu domínio da história e teoria da versificação, muitas vezes convocada em apoio de leituras e posicionamentos críticos, que têm, também por isso, uma componente técnica, e formativa, ao alcance de poucos.

---

1. Chamo a atenção, a este respeito, para o texto fundamental com que Franchetti interveio na polêmica sobre a reforma curricular do ensino da literatura brasileira e portuguesa, em 2002, com o título "O Cânone em Língua Portuguesa – Algumas Reflexões Sobre o Ensino de Literatura Brasileira e Portuguesa no Brasil", no qual advoga a substituição dessas duas disciplinas por uma só, com o título "Literatura de Língua Portuguesa", proposta que subscreveria sem hesitação para Portugal.

2. DO LIVRO

Num certo momento de 2018, numa das suas estadas para lecionar cursos intensivos na Universidade de Coimbra, e em particular no seu Instituto de Estudos Brasileiros, Paulo Franchetti solicitou a minha ajuda para tentar extrair de um conjunto de textos seus de há alguns anos um ou mais livros. Melhor seria dizer que o autor me propôs um *puzzle* de que parecia ter então desistido. Lidos os textos, não me pareceu, contudo, difícil extrair deles o livro que rapidamente ganhou a forma que viria a ser a deste, tal a coerência e coesão de pensamento que anima a escrita de Franchetti sobre a poesia brasileira contemporânea. Dos dois títulos que propus, a escolha acabou por recair, com alguma naturalidade, sobre *Crise em Crise*, ainda que o subtítulo decida pela modéstia e informalismo de uma contribuição que está longe de se resumir a umas "notas", já que o que aqui está em pauta é de fato uma operação sistemática, histórica e teoricamente informada, de *desmonte* da doxa poética e poetológica brasileira posterior ao Concretismo. Um dos aspetos que, justamente, mais ressaltam da leitura destes textos é que, embora eles se repartam por dois géneros dominantes – a resenha e o ensaio – com uma extensão até ao depoimento (no texto de abertura, sobre Ferreira Gullar), e embora todos eles sejam suscitados por circunstâncias jornalísticas ou académicas muito particulares, tal não obsta a que o fio do pensamento do autor seja sempre reconhecível e facilmente acompanhável nos seus meandros e derivações.

As balizas cronológicas desta coletânea de resenhas e ensaios são também facilmente demarcáveis, oscilando entre tentativas de releitura crítica de figuras do modernismo como Carlos Drummond de Andrade e Cassiano Ricardo e consequências do império teórico e programático da poesia concreta sobre a poesia brasileira posterior. Que Franchetti considere falhadas as tentativas de releitura dos modernistas e nefastas as consequências da poesia concreta, é o que neste momento me parece ser menos interessante do que reconhecer que o quadro histórico que assim se reconstitui não coloca em causa a centralidade quer do modernismo de 22, quer da poesia concreta, no devir da poesia brasileira novecentista.

Não se trata, pois, de iconoclastia, mas sim, em rigor, de revisionismo crítico, numa tentativa para recolocar os dados de base da modernidade brasileira, tentando ultrapassar os seus bloqueios que seriam, ainda e sempre, resultantes do imperativo de ser *absolutamente moderno*. Esse imperativo, no juízo de Franchetti, funcionaria já por inércia, em relação aos paradigmas de 22, no caso de Francisco Alvim, que é apresentado como emblema de uma cristalização de procedimentos que não respondem já à necessidade histórica e estética com que se manifestam, exemplarmente, em Drummond. E, no caso da radicalização daquele imperativo ocorrido com a poesia concreta, o que Franchetti propõe é um paradigma alternativo, que seria o da poesia de Ferreira Gullar, autor cujo compromisso com a ideia de vanguarda, concreta ou neoconcreta, foi significativo, antes de se tornar um crítico da articulação entre vanguarda e subdesenvolvimento, sem contudo abandonar um horizonte de referência moderno. As duas posições foram, e são, polêmicas. No primeiro caso, quando Franchetti aponta à poesia de Alvim "a intenção de alegorizar o país", chamando a atenção para o fato de haver "quem consiga propor com alguma repercussão crítica esses enunciados banais", é claro que, sem o nomear, tem em mente a hermenêutica de Roberto Schwarz, autor que não deixaria de descer à liça em defesa do poeta de *Elefante*, o mesmo é dizer, em defesa do alcance ainda crítico do programa modernista, revisitado embora pela distensão formal e programática da Poesia Marginal. No caso de Gullar, o gráfico da sua recepção pública, oscilando entre o "poeta-bardo, que vive a poesia junto com o social e o social pela poesia, e que fala para a comunidade em nome da comunidade", o que teria ocorrido com a publicação do *Poema Sujo*, em 1976, e o quase silêncio que rodeou a sua morte, em virtude dos ataques ferozes que o autor, nos seus anos derradeiros, lançou aos governos do PT – não colocando em causa a grandeza da sua obra, atribui-lhe porém um papel de "pária" da poesia e da intelectualidade brasileira contemporânea que torna ainda mais difícil o reinvestimento proposto por Franchetti.

Uma forma de condensar as posições, historiográficas e críticas, de Franchetti, poderia consistir em recordar a sua tese central, segundo a qual "o Modernismo vai se tornando cada vez mais uma velha experiência histórica", pelo que "a longa hegemonia dos pressupostos, do gosto e dos critérios de avaliação do Modernismo de 1922 – tão firme, vetusta e duradoura, pelo menos, quanto a Faculdade de Letras da Universidade de São Paulo – parece finalmente fazer água por todos os lados". Esta crescente anomia afetaria "o ponto de vista teleológico que organiza a narrativa a partir da afirmação do internacionalismo progressista da modernidade paulista", ponto de vista que religa 1922 e a intervenção concreta dos anos 1950, esta última decisiva para que a teleologia da narrativa, com o decisivo acrescento de João Cabral de Melo Neto, ou de João Cabral tal como o Concretismo o leu em modo racionalista e construtivista, se naturalizasse na história literária brasileira. Esta redescrição, cujo teor revisionista comporta algo de autobiográfico, se tivermos em mente o compromisso acadêmico do jovem Franchetti com a poesia concreta, exige sempre no autor um combate não apenas crítico, mas sobretudo *pela* crítica, um dos seus tópicos fatais ou não estivéssemos perante um autor que concebe a literatura enquanto prática expressiva *e* crítica, não pensável por isso sem o contributo (formativo e pedagógico) dessa fundamental instituição social que é o discurso crítico. O balanço que Franchetti faz da crítica brasileira de hoje, note-se, é francamente negativo, apontando-lhe o crescente confinamento universitário e técnico, a par de um correlato esvaziamento cultural. Mas, sobretudo, denunciando as estratégias usadas para evitar o momento, por definição "precário e pessoal", da exposição do crítico ao objeto novo, e a substituição da imprescindível produção de juízo, que exigiria o confronto do texto novo com a série histórica, por uma filiação, que diríamos ansiolítica, do objeto numa das narrativas dominantes da modernidade brasileira. Nas suas palavras, "Cria-se, assim, um modo 'historicista atemporal' (em que pese o paradoxo), de regra decalcado da autovisão das vanguardas, especialmente Modernismo paulista e poesia concreta". O imperativo de ser *absolutamente moderno* teria desembocado, pois, numa forma de conservadorismo que conseguiu a proeza de transformar o radical historicismo modernista numa modalidade atemporal de relação com a história, já denunciada há muito por Drummond, quando declarou que tendo ficado chato ser moderno, optava pelo eterno, opção tão paradoxal quanto o paradoxo do *eterno moderno*. A vigência do imperativo arrasta, ainda, uma forma peculiar de hegemonia narrativa, já que, como lembra Franchetti, "não há uma única história, no sentido de um único vetor de evolução. Há várias: os vários veios em que se dividiu a poesia depois da falência do sistema clássico, a partir do Romantismo, desenvolveram-se em paralelo e em disputa constante".

É neste ponto, pois, que o título deste livro ganha a sua resolução temática e conceptual mais ampla, já que se trata de contestar a produtividade supostamente intocada da versão da modernidade como crise – de verso e de representação – herdada em particular de Mallarmé e relançada no Brasil pelo Concretismo, cujo Plano Piloto declarava logo a abrir o caráter obsoleto do verso, optando antes pela forma espacial de *Un Coup de Dès*. Se admitirmos que a "crise" é o outro nome do "modernismo" e da "vanguarda", resta a muito pertinente pergunta pela negatividade que tais termos e noções podem ainda carregar, quando o triunfo do moderno em poesia foi praticamente total e a denúncia do "pré-moderno" se tornou uma prática, em rigor, caritativa. O trabalho de Franchetti opera aqui em dois níveis, o primeiro que se diria técnico e formal, o segundo assumidamente teórico. No primeiro, e em particular no singular ensaio "Crise de Verso", o autor relê poemas de autores centrais da poesia brasileira contemporânea, propondo em três casos um contrafactual crítico que consiste em reescrever os textos em análise, pondo em causa a sua forma, ou melhor, a forma como em cada texto a "crise de verso" funciona (ou não). Provavelmente em nenhum dos textos deste livro, com exceção talvez da resenha de *A Máquina do Mundo Repensada*, de Haroldo de Campos, o domínio técnico da versificação desposa tão organicamente o projeto crítico do autor, já que a reescrita dos poemas em causa não apenas questiona ostensivamente um dos mandamentos da crítica moderna – para o qual podíamos invocar o famoso dístico da *Ars Poetica* de Archibald McLeish: "A poem should not mean / but be" –, desrespeitando justamente o seu modo formal e formalista de ser, como conclui pelo carácter infuncional das várias ocorrências da "crise de verso" (que surgiria, assim, a um tempo como totem e tabu).

Da análise técnica passa-se, então, à inferência tipicamente teórica, no texto que dá título ao livro, segundo a qual "a tematização ou representação técnica da crise já não basta para conjurá-la ou torná-la eficaz como produtora de poesia. Pelo contrário, a crise funciona agora como lugar-comum, *topos* gasto, vulgarização que corrói por dentro o valor da novidade e a afirmação de continuidade". Nesta lógica em que a crise funcionaria no fundo como um falso negativo, só lhe restaria perpetuar--se "como a crise da crise da crise", numa versão algo paródica (mas uma paródia prevista pelo original) do adorniano *il faut continuer*: é quando as condições externas da prática se revelam impossíveis que o imperativo imanente da sua continuação deve ser relançado. Numa formulação cortante, Franchetti sugere que "a crise de fato seja algo adquirível no mercado de quinquilharias" – e suponho que não atraiçoo o seu pensamento se sugerir que se trataria do mercado de quinquilharias da modernidade. Isto não deveria, contudo, levar o leitor a incorrer na leviandade de supor que o autor seja um impenitente reacionário, tanto mais que, um século após o período heroico do Movimento Moderno, pressupor que a reverência ante a poética modernista possa definir o progressismo de poetas e críticos hoje, é algo francamente questionável. Notemos, aliás, que "crise em crise" é uma expressão cujo conteúdo teórico não anda muito longe de uma outra que no Brasil se tornou incontornável no debate sobre esta questão: refiro-me a "pós-utópico", expressão com que Haroldo de Campos assinalou precisamente o esgotamento da pulsão vanguardista na poesia moderna, e não apenas na brasileira[2]. Uma das diferenças entre as duas reside, claro, na genealogia com que se aborda a questão, que em Haroldo é, como sempre ocorre no seu pensamento desde os anos 1950, tributária de um momento crítico da evolução da modernidade, que seria o *Coup de Dés*: "A instância poemática que, por excelência, a tipifica [à modernidade] é o poema constelar de Mallarmé"[3]. Nas suas próprias palavras, nesta ótica, "toda uma história da poesia – uma 'Pequena História (Radical) da Poesia Moderna e Contemporânea' – pode ser delineada, avaliando-se apenas as respostas que poetas de várias nacionalidades e línguas (e os latino-americanos entre eles) teriam dado

---

2. As teses de Haroldo de Campos sobre o pós-utópico foram inicialmente apresentadas em 1984, num simpósio no México, tendo o ensaio em causa, "Poesia e Modernidade: Da Morte da Arte à Constelação. O Poema Pós-Utópico", *O Arco-Íris Branco* em 1997.
3. *Idem*, p. 253.

ao poema-desafio de Mallarmé"[4]. À partida, Franchetti não aceita esta genealogia, que estipula um nó problemático do qual descenderia toda a modernidade poética, uma vez que, como vimos antes, na sua óptica, o que define o panorama posterior à falência do sistema clássico, tal como delineado pelo Romantismo, é antes uma pluralidade agonística de correntes, pluralidade recalcada por leituras unilaterais que se tornaram dominantes. Um dos casos notórios, denunciado por Franchetti, no texto "Notas Sobre Poesia e Crítica de Poesia" (pp. 167 e ss.) é o de Hugo Friedrich, cujo sucesso, com o livro *A Estrutura da Lírica Moderna*, de 1956, se deveria, de acordo com o nosso autor, "à sua forma simplificada, à operação radical que realiza, pois graças a ela esse livro constitui uma espécie de tábua de salvação no mar da multiplicidade, operando a exclusão de enormes contingentes da lírica que se produziu na modernidade"[5].

Um bom diagnóstico desta situação bloqueada é-nos oferecido por Eduardo Sterzi, em ensaio sobre a questão do pós-utópico na poesia brasileira contemporânea:

> Na poesia brasileira, o arco da modernidade parece ter-se inclinado cada vez mais rumo a uma poética da *tabula rasa*. O Concretismo, neste sentido, pode ser visto como o momento exemplar do fim ou fechamento da história da poesia moderna – não só da poesia moderna brasileira, mas, pelo menos na ambição de seus proponentes, de toda a poesia moderna. Fechamento dialético, porém: aos poetas contemporâneos coube a tarefa quase messiânica – ou talvez, mais exatamente, *contramessiânica* – a reabrir a história da poesia brasileira, projetando uma espécie de modernidade para além da modernidade...[6]

Na óptica de Franchetti, suponho que a descrição de Sterzi tenderá a ser vista ainda como "parte do problema", na medida em que começa por aceitar os dados da equação, tal como ela foi definida pelo Concretismo:

---

4. *Idem*, p. 256.
5. Trata-se do texto "Museus de Tudo (Notas Iniciais Para um Ensaio de História da Poesia Brasileira contemporânea)", incluído no livro *Que Pós-Utopia É Esta?*, organizado por Júlio Mendonça e editado em 2018 pela Casa das Rosas e pela editora Giostri, p. 89.
6. *Idem, ibidem*.

um "momento exemplar do fim ou fechamento da história da poesia moderna", e não apenas da brasileira, como fica claro quando se lê Haroldo, já que, nas suas palavras, "A poesia concreta foi o momento da totalização desse processo"[7] (trata-se, basicamente, do processo da modernidade mallarmaica). Creio, porém, que a descrição da tarefa dos poetas brasileiros pós-concretos como contramessiânica, visando "reabrir a história da poesia brasileira", toca no ponto decisivo, embora justamente o problema resida na conceptualização do regime temporal dessa "modernidade para além da modernidade" em que, nas palavras de Sterzi, "o acúmulo e a *tabula rasa* apresentam-se não como alternativas exclusivas, mas como polos entre os quais a escrita oscila", sendo disso emblema a figura de pensamento proposta por João Cabral com o seu "museu de tudo". É certo que na perspetiva dos textos de Franchetti reunidos neste livro, esse fechamento dialético nada promete de redentor para uma situação em que, no seu estádio reflexivo, a poesia só pode ser sempre e cada vez mais reflexiva, sendo, em rigor, o pós-utópico a promessa da eternização desse momento. Como, porém, o edifício vacila nos seus fundamentos "utópicos", a manutenção da poesia como crise, ou reflexividade, ou vanguarda pós-utópica, exige, e em rigor devém, um gesto deôntico, tal o que Haroldo enuncia em momento decisivo do seu ensaio: "Esta poesia da presentidade, no meu modo de ver, *não deve* todavia ensejar uma poética da abdicação, *não deve* servir de álibi ao ecletismo regressivo ou à facilidade"[8]. Se o *que tem de ser* tem muita força, e essa era a força epocal da sintonia do racionalismo concretista com o Brasil do salto industrial da década de 1950, o *que não deve ser* é já uma tradução do imperativo moderno em lei moral (ainda e sempre o "Il faut continuer"), para cuja força performativa Haroldo parece não dispor já, porém, de garantia. Neste quadro, a insistência de Haroldo na "pluralidade de passados possíveis" aberta pela situação pós-utópica é inconvincente, já que se torna claro que a releitura crítica do passado *deve ter* como limiar e limite todas as versões do que seria uma "poética da abdicação", expressão cujo esva-

7. "Poesia e Modernidade", p. 263.
8. *Idem*, p. 8 (grifos meus).

UM TRABALHO DE DESMONTE...

ziamento empírico é proporcional e estrategicamente inverso à sua saturação ético-moral. Na versão que Franchetti dá a esta situação, o lirismo contemporâneo brasileiro "é um lirismo culpado e regrado por tabus", sendo a Poesia Concreta o maior contribuinte líquido para essa situação.

De toda a participação de Franchetti no debate contemporâneo, emerge recorrentemente uma representação do impacto da Poesia Concreta no Brasil, que se diria desdobrada em dois planos. No primeiro, temos todos aqueles poetas que sofreram na sua prática o influxo da poética concreta, situação que se verifica ainda hoje e para a qual Franchetti recorre a uma imagem que conviria convocar agora: na sua opinião, boa parte da poesia brasileira da viragem do século parecia ser produzida "por um mesmo supra ou protopoeta, misto de João Cabral, irmãos Campos e Leminski, constituído por combinações variáveis desses elementos"[9]. No presente volume, a longa resenha-ensaio sobre Marcelo Tápia, apresentado como caso exemplar de um diálogo com a poesia concreta, oferece o diagrama desse devir na poesia brasileira, em termos que convém transcrever:

[...] uma poesia que merece atenção pelo que nela há de representativo de uma vertente da poesia brasileira que nasceu tardiamente das vanguardas de meados do século, conviveu sem muita intimidade com os herdeiros do "desbunde" dos anos de 1970, e – como herdeira – teve de se manter à sombra das duas grandes forças originárias da poesia concreta: o neobarroquismo (ou neoparnasianismo) onívoro de Haroldo de Campos e a fixação resistente na tipografia como antídoto ou justificação (ou disfarce) do retorno ao verso, ou à discursividade[10].

No segundo plano, temos todos aqueles autores, poetas e críticos, que sem se assumirem como legatários da poética concreta (no caso dos poetas) ou sem aceitarem a escala valorativa proposta pelos concretos

---

9. Refiro-me à resenha intitulada "Três Livros de Poesia", publicada em 2001, no *Suplemento Literário de Minas Gerais*. O elenco, note-se, coloca os Campos duplamente no centro, já que João Cabral integra, em posição estratégica, o seu constructo da poesia moderna brasileira, e, quanto a Leminski, o menos que se pode dizer é que o seu planeta sofreu sempre da atração gravitacional da galáxia Campos.

10. Trata-se, além do mais, de um notável momento de leitura, revelador de toda uma ética crítica, já que o elenco das reservas do crítico em relação à obra lida, e ao seu caráter representativo de um devir no qual não se revê, não o impede de fazer o levantamento exaustivo da sua cartografia (p. 94).

CRISE EM CRISE

para a sua própria poesia (no caso dos críticos), interiorizaram, porém, a "Pequena História (Radical) da Poesia Moderna e Contemporânea" proposta por Haroldo, Augusto e Décio, bem como a sua menos pequena "História da Poesia Ocidental e Oriental Transcriada para Uso Contemporâneo". Por outras palavras, de uma forma ou de outra, o mundo da literatura brasileira não escapou ileso à contaminação da Poesia Concreta.

Sendo assim, é caso para perguntar pela viabilidade da proposta crítica central de Franchetti neste livro, que se poderia apresentar como sendo a de um *Restart* da poesia brasileira, hoje, garantido previamente o trabalho de desmonte dos pressupostos que governam o seu campo – poético e crítico, como o autor não cessa de lembrar[11]. Franchetti não está, obviamente, sozinho no diagnóstico da situação, bastando lembrar aqui palavras recentes de Antonio Risério, ainda a propósito do pós-utópico: "Como não vejo coincidência, equivalência, implicação ou dependência entre utopia e vanguarda, nem solidarizo assim as coisas, considero que temos hoje somente a pós-vanguarda, mas não o pós-utópico"[12]. Se em Haroldo o pós-utópico, apesar do prefixo, não desiste de uma filiação ainda produtiva em Mallarmé, em Franchetti a *crise em crise* assinalaria o esgotamento dessa filiação e a necessidade de uma convicta deslocação de coordenadas. É verdade que a um olhar exterior, e estrangeiro, a centralidade de Mallarmé, e mais ainda, de *Un Coup de Dés*, no constructo proposto pelos concretos, retroativa e prospectivamente, para a poesia moderna brasileira, surpreende pela forma como hipostasia uma versão do moderno que, no contexto ibérico, por exemplo, foi menos decisiva do que a versão filiada em Rimbaud, para mantermos a referência francesa. Mas as tradições, inventadas ou não, possuem uma força performativa própria, que lhes permite *fazer mundo*, para lá do esgotamento dos seus pressupostos ou na dinâmica interna da sua

---

11. Recordo rapidamente, por falta de tempo, que a leitura da situação da poesia brasileira contemporânea produzida por Franchetti neste livro é permanentemente dramatizada pela forma como vê o não-lugar do público nela. O tópico atravessa grande parte destes textos, suscita um esforço aturado de historicização do lugar do público na poesia brasileira moderna e, no último texto, convoca mesmo a cena digital para explorar as suas antinomias atuais. É difícil não reconhecer neste drama o perfil de um autor que não desiste de se bater pelas condições de iluminismo sem as quais a experiência da modernidade poética perderia grande parte da sua performatividade. Daí também a forma natural como neste livro se transita da poesia para a crítica e desta para o ensino.
12. Júlio Mendonça, "O Pós-Utópico em Questão", p. 83.

UM TRABALHO DE DESMONTE...

inércia – seja ela impulsionada por um Fernando Pessoa, por um João Cabral ou por um Haroldo de Campos. Adolfo Casais Monteiro lembrou, nos anos 1950, que depois de Pessoa uma falange significativa da poesia portuguesa tinha sido tomada por aquilo a que chamou uma "vontade de retrocesso". No caso brasileiro, a dinâmica é razoavelmente a inversa e tudo se passa, a partir dos anos 1950, como se o modernismo a que o Brasil tivera direito fosse sentido como insuficiente ou tímido para aquilo que era a ânsia brasileira de estar na vanguarda da modernidade. A pluralidade interna da obra pessoana, os vários tempos de que ela se tece, entre a vanguarda futurista e o sebastianismo, garantiram à poesia portuguesa uma gestão razoavelmente flexível dos imperativos e dos embates do moderno com as suas pulsões regressivas. No caso brasileiro, o relançamento e radicalização do ânimo vanguardista a meio do século deixou pouco espaço para poéticas alternativas, viessem elas dos próprios praticantes históricos do modernismo – e é, por todos os outros, a história dos desencontros dos concretos com Drummond – ou de novos autores, como a dos poetas *beat* e surrealizantes agrupados em torno de Roberto Piva ou a de Hilda Hilst, que tiveram de esperar décadas pelo reconhecimento enquanto poetas de mérito[13]. O problema, pois, de uma proposta para um *Restart* da poesia brasileira pós-concreta, mas, nos termos de Franchetti, não necessariamente pós-utópica, é que tal proposta, sendo razoável nos seus termos, que são os de uma filosofia contrafactual da história, não parece exequível porque, na lógica da tradição moderna brasileira, admitir essa possibilidade equivaleria a sair do tronco central da poesia brasileira – esse tronco que, por intransigentemente moderno, permitiu que aquilo a que chamamos "poesia brasileira", na sua fase concreta, coincidisse expressivamente com a *poesia universal progressiva* da segunda metade do século xx (sigo aqui a descrição de Haroldo).

13. Um bloqueio tipicamente induzido pela tradição moderna brasileira é o que sofre qualquer tentativa de prática da dicção elevada, imediatamente tomada ou como paródia ou como anacronismo. O rol de vítimas é longo (veja-se o caso do Jorge de Lima da *Invenção de Orfeu*) e a exceção seria Drummond, que consegue recorrer a ela, sobretudo em *Claro Enigma*, mas com a ressalva micro e macroestrutural, digamos assim, do estilo mesclado – e, não por acaso, a crítica brasileira não esconde a sua preferência por *A Rosa do Povo*, em detrimento do grande livro de 1951. Curiosamente, o último Haroldo é um seu praticante recorrente, ou não fosse ele o autor de *Galáxias*, obra em que a dicção elevada é já frequente, mas também por isso a imputação de "neoparnasianismo", que o próprio Franchetti não deixa de fazer, se torna quase fatal.

Parafraseando, porém, o autor, diria que nem por ser inexequível tal proposta deixa de ser razoável e, mais do que isso, necessária enquanto experimento de pensamento destinado a abrandar ou debilitar a *histeria da contaminação* pelo fantasma do pré-moderno na cena da poesia brasileira contemporânea. Mas essa debilitação, para ser produtiva, necessita de debilitar previamente a própria ideia de reinício, já que, como a modernidade nos ensina, cada proclamação de um início repete uma reivindicação já feita, uma e outra vez, ao longo de mais de dois séculos. Se bem leio Franchetti, trata-se antes de recorrer àquela sugestão de Nietzsche, autor presente neste livro, na sua segunda *Consideração Intempestiva*, de acordo com a qual o esquecimento é a condição da vida ativa. Mas, e seguindo ainda Nietzsche, a vida que exige o esquecimento, exige também, por vezes, que se interrompa o esquecimento, pois só assim o passado pode ser julgado criticamente. Entramos assim naquele devir perigoso que consiste em atribuirmo-nos um passado do qual gostaríamos de descender, em vez daquele do qual realmente descendemos. Como nota Paul de Man, em comentário a esta questão: "Torna-se impossível ultrapassar a história em nome da vida ou esquecer o passado em nome da modernidade, porque ambas estão ligadas a uma cadeia temporal que lhes confere um destino comum"[14]. Oscilamos assim entre a constatação, produzida ainda por De Man, segundo a qual "a literatura foi sempre essencialmente moderna"[15], já que em rigor chamamos literatura à possibilidade de descrição da experiência do momento, e a dificuldade em ser moderno, por efeito do próprio processo de representação, ou escrita, que, enquanto mediação, nos afasta da intensidade da experiência, vale dizer, da "tentação permanente que a literatura tem de se cumprir num único momento"[16]. Fazer da modernidade um programa – eis, pois, o paradoxo maior, e insustentável, do devir (moderno) da literatura.

---

14. Trata-se do ensaio "História Literária e Modernidade Literária", do livro, de que uso a tradução portuguesa por Miguel Tamen, *O Ponto de Vista da Cegueira*, Lisboa e Coimbra, Angelus Novus e Livros Cotovia, 1999, p. 172.
15. *Idem*, p. 174.
16. *Idem, ibidem*.

Creio que a figura pós-metafísica do *Restart* poderia ajudar-nos neste ponto, na medida em que nesta versão computacional do início, do que se trata é, antes, da possibilidade de levar a cabo intervenções periódicas de reoperacionalização do sistema, despertando-o quando parece adormecido ou limpando-o das escórias e ruídos que, também periodicamente, emperram a sua inércia. Ou seja, reativando a energia e potencial da sua memória até ao ponto crítico em que ela se torna rotina e esquecimento, exigindo um novo *Restart*. Nesta lógica, que é a de um permanente e perpétuo recomeço, é a própria ideia de uma narrativa sustentada num começo único, numa crise de mão única, que é dissolvida retrospectivamente em favor de uma pluralidade de crises e de possibilidades de recomeço. Lida assim, como proponho, nada há de conservador na proposta de Paulo Franchetti neste livro, que pelo contrário abre a poesia brasileira contemporânea a todos os futuros contidos no seu rico passado (que é também, e necessariamente, não apenas o seu, mas o de toda a poesia de que se faz a poesia brasileira).

I

SOBRE POESIA

1

Sobre o *Poema Sujo*, de Gullar[1]

Quando um poeta adquire voz própria, basta um trecho de verso, uma imagem ou um torneio de frase – ou, às vezes, uma única palavra, como é o caso de João Cabral – para que o leitor reconstrua, como um arqueólogo, a partir desse fragmento, o todo no qual ele se encaixa e ganha plena significação. E, no sentido inverso, basta uma palavra, imagem ou trecho de verso num poema qualquer para que uma determinada obra, que lhes fixou um sentido pleno, seja imediatamente conotada. Creio mesmo que essa capacidade de redimensionar o patrimônio comum, dando-lhe uma feição própria, por meio da invenção ou domínio da arte, está na base da distinção entre poetas maiores e menores.

Nesse sentido, Gullar é poeta maior, como Drummond e João Cabral: tanto faz que a porta de entrada tenha sido os primeiros livros, ou alguma passagem da sua obra completa, folheada a esmo. Lidos uns poucos poemas, será logo reconhecível a sua configuração pessoal.

As variações de disposição do seu verso na página são muitas. Nos primeiros livros de Gullar, o verso livre era utilizado de maneira típica: para ressaltar a sonoridade, para enfatizar sentidos ou para representar

---

[1]. Texto publicado com o título "Marcas de uma Voz – Sobre a Poesia de Ferreira Gullar", *Rascunho*, vol. 77, p. 8, 20 set. 2006.

iconicamente o que estava sendo dito. Após um breve intervalo concretista, no qual a espacialização praticamente substituiu o ritmo da fala e se ostentou, como é de regra, a si mesma como traço principal do significado, veio uma também breve etapa de poesia "popular", em que os versos se espremem no molde rígido da redondilha maior. Mas já a partir de *Dentro da Noite Veloz* (1975) isola-se e afirma-se a forma particular do verso do poeta: a partição da frase em segmentos breves, de intenção icônica, semafórica ou simplesmente rítmica.

Em cada uma dessas "fases", porém, a sua poesia nunca se afastou muito da fala, nunca deixou – exceto talvez no período concreto – de ter as marcas da sua voz. De ter, portanto, uma dicção muito específica.

Num de seus últimos livros, *Muitas Vozes*, lê-se

meu poema
é um tumulto, um alarido:
basta apurar o ouvido.

Mas quando se apura o ouvido, o que se percebe? Percebe-se, como nessa estrofe, que, embora os versos tenham extensão muito variável, as frases se organizam naturalmente em metros tradicionais. Aqui, por exemplo, temos um decassílabo heroico seguido do seu "quebrado", isto é um verso que combina ritmicamente com o maior, por ter uma acentuação coincidente: no caso, um hexassílabo.

Por conta disso, Gullar acrescenta muito aos seus poemas, quando os lê. A sua entonação, marcada por certa ênfase oratória, apoia-se nas pausas sintáticas e no ritmo corpóreo da fala, submetendo a superfície do desenho do poema na página, fazendo que as quebras de linha nada representem para a voz que as junta e separa segundo a respiração e o sentido. E de tal forma parece convincente essa forma de tratar o ritmo do poema que, uma vez ouvida a sua leitura, fica difícil não tornar a ler outros versos dele sem ter, como padrão e bússola, aquela cadência, aquela entonação.

Ou seja, a sua é uma poesia escrita para ser lida em voz alta, de modo a ressaltar a base sobre a qual opera as variações: os metros preferenciais da tradição, aqueles cujo ritmo, ao longo dos séculos, tornou-se quase uma segunda natureza, um laço que por si só une o presente e o passado, conotando a permanência da poesia.

Depois de tal leitura, olhando o poema na página, percebe-se o outro lado da moeda: a distribuição espacial própria de Gullar é um desenho outro, no qual os olhos recortam sentidos que não se mantêm, que não subsistem no leito do rio principal da leitura, mas que funcionam como harmônicos (redondos ou dissonantes) a sugerir os rumos perdidos ou desprezados em nome do movimento principal. É do contraponto entre o que diz essa distribuição dos versos no papel – com os silêncios e os pequenos suspenses introduzidos pelas quebras de linha e com os alinhamentos de termos equivalentes ou contrastantes em posições semelhantes – e o que diz a leitura de acordo com as pausas sintáticas e semânticas da oralização que resulta boa parte da beleza de poemas como "A Casa" e "Uma Fotografia Aérea" – este último, talvez, a sua obra-prima.

Também do ponto de vista dos temas e imagens, *Dentro da Noite Veloz* é um momento de cristalização: a fruta que apodrece no prato, o rastro de açúcares deixado na memória por outra fruta, o rato, o cheiro de gente, o alinhavar de ações cotidianas, destacando a sua concretude sensória, a atenção ao imperfeito, ao sujo, a tudo o que traz a marca da luta do homem pela vida. E também a celebração da solidariedade e o registro do espanto enternecido frente à beleza possível.

Esse é o tom específico da poesia de Gullar, que mesmo nos momentos em que se deixou empalidecer perante o imperativo de programas poéticos ou políticos sempre se manteve num patamar dos mais altos da nossa contemporaneidade.

No que toca aos temas e à forma própria do verso, o *Poema Sujo* estava todo nos livros anteriores e não trazia novidades, exceto por ser uma espécie de amplificação e sistematização exaustiva, num tempo no qual a brevidade parecia uma das características principais da poesia moderna.

Tenho ainda o meu exemplar, comprado no calor da hora. É um livro de formato especial, retangular, formato paisagem (como hoje se diz, por conta do computador). Uma edição numerada: o meu é o 0452. Lembro-me do clima político e da expectativa do lançamento: o poeta ausente, compondo no exílio a evocação da terra natal e do país perdido. Ênio

Silveira escrevia, na terceira capa, que aquela publicação era o marco decisivo da sua carreira de editor. Vinicius, na contracapa, que era o mais importante poema da década no Brasil e talvez do mundo. O frenesi era grande.

Li o livro de uma só vez. Depois ainda o reli. Mas não me entusiasmou tanto quanto eu queria que me entusiasmasse. As passagens que reproduziam os ruídos modernos, à maneira dos futuristas, as lembranças da infância pobre no Maranhão, a citação de Marx, a ressurgência por demais palpável de Cabral (que já vinha, aliás, do livro do ano anterior) – tudo isso se enfeixava num conjunto de versos menos potente do que *Dentro da Noite Veloz*. Foi o que anotei, à margem, ao longo da leitura.

Agora o *Poema Sujo* faz trinta anos. Leio-o novamente para redigir estes apontamentos e sinto que ainda me interessa mais nele o que já não posso, senão de modo pálido, recuperar: o que, no momento, não era ainda o poema, mas o sentido, nos tempos finais da ditadura, do seu lançamento. Fora isso, nesta revisitação destacou-se, junto com o reiterado *ubi sunt?*, tudo aquilo que dá ao volume o caráter de apanhado de procedimentos centrais de poesia madura: sobretudo o que ecoa nitidamente, inclusive em detalhes, o poema da fotografia aérea, bem como o da casa e outros da arte maior da obra precedente.

A impressão geral de hoje não se diferencia muito, portanto, da que tive na primeira leitura.

É possível pensar que o *Poema Sujo* seja o ponto alto da poesia de Gullar. No sentido de ser um momento de solidificação, de balanço e resumo de uma poesia que se libertara do peso excessivo que para ela foram os caminhos da vanguarda e os descaminhos da poesia populista, e que exercitava, num poema longo, a sua inteira força. Por isso, é bom que seja devidamente celebrado. Como invenção e construção poética, entretanto, ainda sinto que o marco é *Dentro da Noite Veloz*.

2

Ferreira Gullar
Notas Sobre Heroísmo[1]

1

Quando nos dedicamos à leitura extensiva da obra de Ferreira Gullar, avulta o alentado conjunto de textos nos quais o poeta apresenta, explica e justifica as inflexões da sua poesia – isto é, o enfrentamento dos problemas expressivos e construtivos – por meio de um relato que as vincula intimamente à sua biografia, tanto do ponto de vista das angústias privadas, quanto do ponto de vista da ação pública e filiação política do poeta.

Dentro desse conjunto, um texto muito notável é o capítulo de *Cultura Posta em Questão* denominado "Em Busca da Realidade". No volume, ele vem precedido de outro texto de grande interesse, intitulado "Situação da Poesia Brasileira", do qual é um desenvolvimento e uma particularização.

Vejamos, então, de que tratam esses dois textos e como se articulam.

Em "Situação da Poesia Brasileira", Gullar traça um panorama que vai desde o Modernismo até os seus dias, no qual ressalta uma homologia entre os homens de 1922 e os do seu próprio tempo, no que se refere à "redescoberta" do Brasil. Homologia essa que se estrutura a partir de um conceito central: o de "compromisso" com a realidade nacional –

---

1. Publicado em *Revista Texto Poético*, 13, 2017.

32   CRISE EM CRISE

que engloba, além da temática (isto é: do que fala o poeta?), duas outras questões correlatas: para que público o poeta fala?, e: como fala para esse público?

Para Gullar, enquanto os modernistas buscaram uma "independência cultural", "ergueram uma imagem antilusa do Brasil"[2] e construíram "um Brasil otimista e superficial, sem problemas que um pouco de cachaça, samba e cafuné não resolvessem", os seus contemporâneos redescobriram o Brasil "dramático, de poucos ricos e milhões de pobres, e que já não aceita como fatalidade a fome, a doença, a injustiça social". E concluía assim a comparação: "[...] o Brasil que os modernistas descobriram era um Brasil lírico. O Brasil que hoje se nos descobre é um Brasil político. Para cada momento, uma poesia"[3].

Do ponto de vista da linguagem e do público, seu desenho não é menos esquemático: os modernistas, no que diz respeito à criação poética, trataram de "recomeçar do princípio, do chão, da fala comum dos homens"; já a sua geração, que é a marcada pela poesia concreta, defrontada com nova "cristalização da linguagem", tratou de "provocar uma explosão" – da qual resultariam tanto a demonstração da impossibilidade do poema puro (o caso do concretos), quanto a oportunidade de uma poesia impura, feita por um poeta "desmistificado, devolvido ao mundo e seus problemas", apto a participar intensamente da vida política nacional[4].

O esquematismo dessa visada é brutal. Mas não impediu um crítico tão agudo quanto João Luiz Lafetá de considerar que haveria aí "uma descrição em linhas gerais exata da evolução da poesia brasileira, de 1922 até o engajamento cepecista"[5]. E mesmo que lhe aponte defeitos pontuais de abrangência e de tolerância – pois omite Bandeira no seu panorama, e não leva em conta que Drummond produziu em *Claro Enigma* alguns dos maiores poemas da literatura brasileira –, Lafetá termina por endossar o ponto de vista, aplicando-o inclusive ao próprio Gullar, ao comentar a sua fase concreta: "Uma

---

2. Ferreira Gullar, *Cultura Posta em Questão*, p. 102.
3. *Idem*, p. 103.
4. *Idem*, p. 118.
5. *Idem*, p. 174.

FERREIRA GULLAR – NOTAS SOBRE HEROÍSMO 33

coisa, entretanto, muda radicalmente: a experiência concretista reintroduz em sua poesia a dimensão social, que ela estava a perder"[6].

Lafetá percebe a estranheza e o inesperado da sua formulação, tanto que logo se defende da acusação de paradoxo. E o faz postulando no Concretismo, além do movimento de se manter "encerrado nas experiências de linguagem, nas reflexões metalinguísticas e na obliteração sistemática da denotação", um "desejo de enraizar-se numa realidade atual, presente à nossa volta". Entretanto, ele tem pouco a oferecer como demonstração desse outro lado concretista e da sua eficácia, tanto que termina por convocar, como prova da afirmação, o próprio percurso de Gullar, que graças ao Concretismo se teria salvo do dionisismo e superado o impasse do silêncio.

Na verdade, a leitura de Lafetá segue muito de perto a autovisão de Gullar, pois é a narrativa que o poeta faz do seu próprio percurso no texto seguinte de *Cultura Posta em Questão*, intitulado "Em Busca da Realidade". Nesse ensaio de autobiografia intelectual, Gullar procede a um extenso comentário do seu livro de 1954, *A Luta Corporal*, afirmando que o movimento ali presente o levou a "explodir" a linguagem – metáfora repetida praticamente pela totalidade da sua fortuna crítica – e a mergulhar no silêncio. Nas suas palavras, tratando-se em terceira pessoa:

> Depois de tentar, por todas as formas ao seu alcance, fazer da poesia um meio de conhecimento efetivo da realidade, descobriu que essa função está além da poesia. Tudo o que é possível é usar habilmente as palavras para, com elas, erguer um mundo imaginário sem sustentação na realidade concreta. Decide, por isso, calar-se [...][7]

Essa é a parte central do ensaio, a narrativa em que um herói se defronta com os obstáculos, julga vencê-los por momentos, desengana-se, tenta outra vez, e outra vez não tem sucesso, até sucumbir e desistir da palavra. E Gullar o faz de modo bastante convincente, tratando poemas e fragmentos de poemas como passos consequentes em direção a um fim.

---

6. *Idem*, p. 162.
7. *Idem*, p. 150.

34   CRISE EM CRISE

Em seguida, na parte final do texto, Gullar assume de novo a primeira pessoa e narra a história da sua poesia desde o momento subsequente – o Concretismo, que termina em outro impasse e em outro mergulho no silêncio – até a sua fase atual, que lhe parece o caminho para evitar novas quedas no solipsismo: a do engajamento político. Sobre essa, entretanto, fala pouco, na verdade. Apenas registra que o engajamento implicou a eleição de outro público preferencial e a adoção de outra perspectiva sobre a língua literária e a função da obra de arte. Nas suas palavras:

> [...] o poeta não escreverá, então, para os críticos nem para a "história literária". Escreverá, hoje, sobre os fatos de hoje, para os homens de hoje. A medida de sua poética será a clareza e a capacidade de comunicar e emocionar[8].

"Em Busca da Realidade", como os demais textos de *Cultura Posta em Questão*, foi redigido num período muito particular da vida nacional: nos anos de intensa politização que precederam o golpe militar de 1964. Devem, portanto, ser lidos contra o pano de fundo dos debates que então se travavam sobre as formas de envolvimento dos intelectuais na luta pela democracia. No caso do ensaio de Gullar, há ainda uma componente cultural e biográfica que precisa ser levada em conta, porque permite compreender melhor o sentido do seu relato: é um texto também de justificação, de explicação, de afirmação de coerência intelectual.

O poeta o explicita, logo no início, quando escreve:

> Estive de tal modo comprometido com aquelas experiências [da vanguarda concretista e neoconcretista] que, hoje, quando me volto para a poesia de participação, provoco suspeitas acerca da coerência da minha posição atual[9].

E conclui, apresentando o objetivo do seu ensaio:

> Com o propósito de contribuir para a desmistificação da poesia faço, em seguida, uma análise de minha própria experiência poética [...][10].

8. *Idem*, p. 155.
9. *Idem*, p. 123.
10. *Idem, ibidem*.

Ou seja, quem se analisa e se comenta é um autor situado a quase dez anos de distância, depois de ter participado do movimento de Poesia Concreta e de ter abandonado o Concretismo, criando o neoconcretismo; um autor que, finalmente, acabava de dar à sua vida intelectual uma inflexão marxista, e que, por isso, nos seus termos, tinha trocado a "vanguarda literária" pela "vanguarda política".

Por isso mesmo, seu relato analítico tem uma direção precisa, que é subsumir a variedade dos temas e formas de *A Luta Corporal* num caminho coerente, justificando esse livro (e o que veio depois) como preparação para a poesia do momento em que escreve o ensaio.

Ora, o longo ensaio de Lafetá, embora iluminando a poesia de Gullar com uma luz própria, não desafia essa leitura do poeta. Pelo contrário, é explícito na adesão ao ponto de vista do autor, escrevendo: "[...] creio, inclusive, que as interpretações de poemas ali contidas são impecáveis e nos oferecem a melhor visão possível de *A Luta Corporal*"[11]. E não só afirma a autovisão do poeta no nível da interpretação dos poemas individuais, mas também no que toca à linha de evolução unívoca que ele apresenta entre o começo e final do livro: trata-se, segundo Lafetá, de uma corajosa "caminhada em linha reta" em direção ao "Roçeiral"[12].

Já quanto ao conjunto da obra e seu sentido e importância na evolução da poesia brasileira, o crítico também aceita e valida a autodescrição de Gullar, num sentido bem preciso, que é o que importa à perspectiva deste trabalho:

> [...] o que me interessa sobretudo é o seu caráter exemplar: ao explodir com a retórica da geração de 45, no início da década de 1950, ele já dera um sinal dos novos tempos, redirigindo a nossa literatura para os rumos da modernidade; com o SDJB, a adesão ao Concretismo, a dissidência do Neoconcretismo e a teoria do não-objeto, ele se colocara como uma figura de vanguarda, na capital do país que erguia Brasília, criava a indústria automobilística e explodia em cidades enormes; agora, ao voltar-se

---

11. Ferreira Gullar, *A Luta Corporal*, p. 66.
12. "Poucos artistas (e não só no Brasil) tiveram a coragem de caminhar em linha reta até um 'Roçiral'. Isso conta imensamente a favor da arte de Ferreira Gullar, coerente com seus propósitos até o fim" (*Luta Corporal*, p. 152). É certo que, na sequência, Lafetá discute a validade da linha reta, em que percebe uma falta de "balanceio mais dialético". Mas também é certo que em momento algum ele põe em questão a sua existência. Ou seja, aceita a leitura de Gullar, deixando na sombra necessariamente os aspectos do livro que não se encaixam no recorte do autor.

36 CRISE EM CRISE

para o cordel e para a miséria rural e urbana, ele apontava de modo pioneiro o novo tipo de sensibilidade que dominaria boa parte dos nossos intelectuais na primeira metade dos anos 60[13].

O que ressalta aqui é, em primeiro lugar, a proposição da exemplaridade da obra, tomada como uma espécie de máquina do mundo da poesia contemporânea brasileira, na qual se podem ver em plano individual as grandes correntes e problemas do tempo. Mas, em segundo lugar, é notável também a exemplaridade da vida literária de Ferreira Gullar, das suas ações, reflexões, embates políticos.

Essa postulação de exemplaridade – que não se restringe à obra, mas também se comunica à biografia do cidadão – é muito presente, de modo explícito ou subentendido, nas apreciações críticas.

Por exemplo, a vinculação da poesia à vida está clara já no título do texto com que Secchin apresenta o volume *Poesia Completa, Teatro e Prosa*, publicado pela Aguilar em: "Gullar: OBRAVIDA"[14]. E a relevância cultural do segundo componente da fórmula é logo explicitamente assumida:

Sua biografia, de algum modo, é exemplar, pois tipifica, como nenhuma outra em nossa História recente o engajamento do intelectual em prol das liberdades cívicas e da melhoria das condições de vida de seu povo[15].

O mesmo sucede numa resenha de 1980, assinada por Tristão de Athayde, recolhida nesse volume, onde se lê:

A enorme repercussão de toda uma vida, vivida em estado da maior tensão dolorosa e musical, é o que nos mostra essa visão concentrada de trinta anos de poesia (1950-1980)[16].

Semelhante vinculação, agora mais indireta, entre poesia e vida comparece ainda na postulação – presente tanto no texto de Ivan Junqueira

---

13. João Luiz Lafetá, *A Dimensão da Norte*, p. 170.
14. Antonio Carlos Secchin, "Gullar: OBRAVIDA".
15. Tristão de Athayde, "Um Murro no Murro", p. XVI.
16. *Idem*, p. LVII.

quanto no de Otto Maria Carpeaux – de que o que anima e caracteriza a poesia de Gullar, especialmente no que diz respeito ao *Poema Sujo*, é a *sinceridade*[17]. Sinceridade essa, diga-se, que vai ser a principal explicação (ou justificativa) para as grandes guinadas na orientação poética do autor de uma poesia que se lançou (nas palavras de Secchin) "em várias e às vezes antagônicas direções"[18].

Por fim, a exemplaridade transnacional da vida do poeta afirma-se de maneira límpida neste trecho do ensaio de Davi Arrigucci, que fecha a seção "Fortuna Crítica":

> [...] um meio de avaliar suas atividades no conjunto, de apreciar a força e a qualidade da sua trajetória intelectual e humana, no sentido mais amplo, é acompanhar o traçado de seus passos, como nos é apresentado em "Rabo de Foguete". Nessas memórias do exílio, escritas numa forma de narrativa próxima do romance, se pode observar o processo de constituição de sua experiência pessoal, formada em meio às circunstâncias políticas da história recente da América Latina, como uma dura aprendizagem de nosso verdadeiro destino latino-americano, de que sua trajetória pessoal pode ser vista como um símbolo[19].

Seria possível ampliar o leque de referências do mesmo tipo, mas creio que essas indicações bastam para destacar este ponto: a leitura que Gullar faz de si mesmo por meio de um contínuo discurso autointerpretativo – que começa de modo sistemático nesses textos de *Cultura Posta em Questão* e prossegue ao longo do tempo, retomando os tópicos principais, até a síntese do último livro, chamado justamente *Autobiografia Poética* – tem sido muito eficaz na tarefa de determinar, em medida variável, mas sempre relevante, a recepção da sua poesia.

Recepção essa que, como se viu no caso do estudo de Lafetá, consiste o mais das vezes em dar a voz ao poeta, observar a sua descrição de percurso e, respeitando-a em linhas gerais, contradizer topicamente ou apenas particularizar algum pormenor da sua visada. Isso quando não se procede como Secchin, no final do texto há pouco referido, à pura delega-

---

17. Otto Maria Carpeaux, "Sobre o Poeta".
18. Antonio Carlos Secchin, "Obra Vida", p. xv.
19. Davi Arrigucci Jr., "A Luz de São Luís", p. xcix.

ção da crítica ao poeta: "[...] para concluir, nada melhor do que transferir a palavra ao próprio Ferreira Gullar, que, em *Uma Luz do Chão* (1978), assim falou da sua poesia".

O que não quer dizer que esses estudos sejam improdutivos. O de Lafetá, por exemplo, que vimos comentando, é muito coerente e iluminador, tanto no comentário de poemas, quanto na reflexão sobre o seu tema, que é a questão do nacional-popular na literatura. Tão produtivo quanto outro notável estudo, de escopo e perspectiva semelhantes, incluído no mesmo livro e intitulado "Dois Pobres, Duas Medidas". Entretanto, assim como em boa parte da fortuna crítica, neles é sempre possível ouvir – sem contradição – a voz do poeta guiando seu intérprete.

E que voz é essa, o que ela diz, por que é tão convincente e aparentemente ineludível na posteridade crítica? Isto é, o que é tão eficaz, na descrição que Gullar faz da sua trajetória poética e nas questões que levanta sobre ela, a ponto de a maioria dos seus intérpretes aceitar falar da sua poesia a partir dos parâmetros por ele estabelecidos?

2

Uma resposta já está dada nos comentários acima: a vinculação da obra com a biografia exemplar, com um desenho de vida que explica e justifica os movimentos desenvolvidos no plano da prática poética.

Essa vinculação parece ter um momento preciso de triunfo, que é a publicação de *Cultura Posta em Questão*. Mais especificamente, a já mencionada narrativa em terceira pessoa, na qual Gullar comenta o seu livro *A Luta Corporal*.

Nesse texto notável, que tanta importância teve para a configuração do cânone crítico sobre Gullar, não temos a exposição de um programa literário (muito pelo contrário, o que dinamiza a narrativa é a postulação de não existência prévia de um programa, mas apenas de um desejo de realização), e tampouco temos um relato de oficina (as questões técnicas estão todas subordinadas ao desenvolvimento da personalidade e à busca da verdade).

De fato, repetidas vezes o narrador afirma que os poemas são testemunhos de um processo interior. Nas suas palavras, "o poema por as-

FERREIRA GULLAR – NOTAS SOBRE HEROÍSMO

sim dizer, 'narra' indiretamente o desenvolvimento da luta do poeta com as contradições"[20]. Em outro ponto, afirma que o ideal de que o poema fosse uma "manifestação *natural*, sem artifícios, de experiências reais", e ainda "não se trata de escrever poemas, mas de exprimir-se enquanto existência"[21]. Logo mais, registra que escreveu "esses textos sem pensar que mais tarde viria a integrá-los em livro" e descreve-os como "'cartas' escritas para ninguém"[22]. E por fim, reforçando o livro como registro de um caminho e não como projeto organizado *a posteriori*, afirma que "a feitura dos poemas" é que "torna o poeta consciente do rumo que adotou"[23].

A não intencionalidade, o caráter não programático desse livro (embora passível de descrição como um processo consequente, um trajeto entre dois pontos) é um elemento importante na construção do discurso de Gullar sobre ele mesmo enquanto autor de *A Luta Temporal*. Aparece já nos trechos indicados, e comparece de modo muito impressionante quando trata da sua aproximação à escrita de matriz surrealista, que ele descreve assim: "na *Luta Corporal*, o autor se nega a qualquer conceituação *a priori*, e por isso sua tentativa de penetrar no mundo do inconsciente se faz como uma indagação" – para logo justificar desta maneira o seu abandono: "o autor, mesmo que não tenha feito conscientemente, reconsiderou a questão e escolheu o caminho da idealização"[24].

Esta última frase é interessante, na medida que não toma como inconciliáveis reflexão, escolha e inconsciência. Mas no quadro da descrição de Gullar do processo de criação poética, ela ressalta uma crença no poder de revelação do fazer ("o poeta indaga através do fazer, do trabalho. Ao contrário do filósofo [...], o poeta indaga à medida que expõe"[25]. E é esse fazer como busca e conhecimento que ele interpreta ao ler os poemas, desde logo recusando qualquer projeto – tanto no nível dos poemas individuais, quanto no nível da elaboração do livro, que se apresenta como recolha dos sucessivos momentos desse fazer indagativo.

20. Ferreira Gullar, *Cultura Posta em Questão*, p. 131.
21. *Idem, ibidem.*
22. *Idem*, p. 138.
23. *Idem*, p. 144.
24. *Idem*, p. 139.
25. *Idem*, p. 131.

Um movimento correlato é a postulação de que um dos antagonistas do poeta empenhado nesse "fazer" seja justamente o estilo, o domínio da técnica e a acomodação nela. Para Gullar, no momento em que redige o texto, "'poesia' e 'arte poética' se repelem". A luta corporal em que ele se vê a si mesmo empenhado dez anos antes é, assim, a luta permanente "contra a tendência da linguagem a se fechar em 'estilo'"[26]. E disso vai resultar coerentemente a relevante afirmação de que "o poema é [...] documento, autobiografia, metamorfose, fato"[27].

O resultado desses princípios e operações é uma narrativa dramática, que vincula fortemente as questões literárias às de autoconhecimento e busca da verdade, que narra a elaboração do livro (proposto como uma espécie de "livro de horas", no qual a sequência dos poemas repete a cronologia da sua elaboração) como uma experiência de iniciação, como etapa necessária à redenção, que só virá após o intervalo concretista, quando o poeta, nas suas palavras, será reconduzido "à realidade dos homens"[28].

Esse investimento no registro iniciático é visível por toda parte, e desde logo nos títulos das seções em que se divide a apresentação do trabalho de escrita do livro: a primeira descoberta; o canto incessante; um programa de homicídio; o cavalo sem sede; a paz no irreal; descida ao "inferno"; roçeiral; o fogo queima o fogo. É através dessas seções que se move o poeta sutilmente assimilado a Orfeu – na primeira, o poeta desce "ao mundo mágico dos símbolos e dos mitos poéticos: à zona obscura da experiência, como uma tentativa de encontrar a poesia em seu estado puro"[29] –, a Ulisses – na segunda, o poeta esforça-se para "se manter consciente dentro da perplexidade que aquela existência lhe desperta"[30] –, bem como às múltiplas personagens poéticas associadas à tópica da descida aos infernos e da purificação pelo fogo. Mas é na forma como Gullar descreve as suas ações ao compor os poemas de 1954 e as consequências delas que se

26. *Idem*, p. 134.
27. *Idem*, p. 131.
28. *Idem*, p. 123.
29. *Idem*, p. 124.
30. *Idem*, p. 131.

encontra o maior potencial dramático do texto, pois tudo é descrito com muita vivacidade, e num tom heroicizante, como nestas frases:

[...] o poeta está disposto a experimentar isso, mesmo que tenha que pagar um preço alto[31];

[...] esse novo fracasso leva o autor a extremo desespero como o demonstra o texto seguinte [...], onde ele se considera a presa de uma força infernal, que está dentro dele, que é ele mesmo[32];

[...] depois de tentar, por todas as formas ao seu alcance, fazer da poesia um meio de conhecimento efetivo da realidade, descobriu que essa função está além da poesia. [...] Decide, por isso, calar-se[33].

Essa leitura que Gullar faz de *A Luta Corporal* permite-lhe, no mesmo texto, explicar a sua aproximação e o seu afastamento da vanguarda concretista.

A aproximação, de seu ponto de vista, se deu porque o Concretismo representava a continuidade de sua busca pela ação na linguagem como forma de obter o conhecimento da verdade reservado à poesia. E o afastamento se teria dado pela tomada de consciência de que o afastamento da linguagem conceitual – que essa fase continuava e aprofundava, com a busca da realização do poema da palavra isolada, com o ideal de obter um "modo de expressão aconceitual" – conduziria sempre ao silêncio, porque faltava à sua criação um vínculo com "o mundo dentro das suas contingências concretas"[34].

E é justamente essa vinculação com as contingências que, no início dos anos de 1960, que ele vai propor como a mudança necessária no enfoque da linguagem: "meio de comunicação social e não [...] código apara iniciados". E aqui termina a retrospectiva, com o mergulho no tempo presente: o poeta, proclama Gullar ao final desse texto, "escreverá, hoje, sobre os fatos de hoje, para os homens de hoje"[35].

31. *Idem*, p. 125.
32. *Idem*, p. 149.
33. *Idem*, p. 150.
34. *Idem*, p. 152.
35. *Idem*, p. 155.

3

Da forma como as coisas se apresentaram, teria havido um corte radical na poesia de Gullar, após a fase neoconcreta – que ele assimila, nesse momento, como ponto final do seu percurso desde os "Poemas Portugueses". Mas a verdade é que a melhor crítica sempre soube fazer as operações necessárias: mostrar não apenas que *A Luta Corporal* é um grande livro de poemas, que está muito longe de reduzir-se um campo de provas em direção ao "Roçzeiral" e à vanguarda – embora pareça que a leitura de Gullar ainda soterra boa parte da riqueza daquele conjunto de poemas –, mas ainda que existe continuidade temática entre ele e os principais livros de Gullar, depois da fase vanguardista e dos poemas de cordel[36].

Mas isso em nada diminui o caráter fundador desse ensaio de Gullar, que fixou a sua imagem de poeta para o qual a poesia é um testemunho, uma busca de transitividade, um registro de experiência, uma forma de reagir a um impulso de interpretação dos eventos com que se defronta. Por fim, como ele aqui registra também, um poeta para o qual "a medida de sua poética será a clareza e a capacidade de comunicar e emocionar"[37].

Mais tarde, Gullar elaboraria esse conjunto de características no que definiu como "poética do espanto". E já em 1978 publicava um pequeno texto, dividido em duas partes, no qual retoma a autodescrição desse ensaio de *Cultura Posta em Questão*, já agora tendo como ponto de referência a publicação do *Poema Sujo*.

Trata-se de *Poesia: Uma Luz do Chão*, em que a sua poética aparece centrada no "esforço para exprimir a complexidade numa linguagem acessível"[38] e em que a vinculação poesia-vida é central, trazendo a contingência e a memória individual para primeiro plano, numa medida e com uma importância que esta citação, pelo seu caráter provocativo, permite aquilatar:

> Não, não há nenhuma poética universal: universal é a poesia, a vida mesma. Universal é Bizuza, cuja voz se apagou com a sua garganta desfeita há anos no fundo

---

36. Além dos estudos de Lafetá, já referidos, destacam-se na fortuna crítica do poeta os assinados por Alcides Villaça.
37. Ferreira Gullar, *Cultura Posta em Questão*, p. 155.
38. Ferreira Gullar, *Sobre Arte, Sobre Poesia*, p. 152.

da terra. Universal é o quintal da casa, cheio de plantas, explodindo verde no dia maranhense, longe de Paris, de Londres, de Moscou. [...] Universal porque Bizuza, amassando pimenta-do-reino numa cozinha de São Luís, pertence à Via-Láctea[39].

Está, portanto, definido o autorretrato de Ferreira Gullar, ou melhor, o desenho que será completado e enriquecido pela leitura da poesia a partir de *Dentro da Noite Veloz* e, ao mesmo tempo, o prisma que se apresentará à crítica para ler a sua obra poética, inclusive a contida no livro anterior à aventura concreta.

4

Voltando ainda uma vez ao ensaio "Em Busca da Realidade", há um aspecto que ficou obscurecido, mas que deveria ser tematizado porque terá desdobramentos ao longo dos anos, até às vésperas da morte do poeta: a sua relação com a poesia concreta e com os poetas que se mantiveram mais tempo fiéis ao programa de vanguarda.

De fato, naquele texto de 1963 o Concretismo é pouco tematizado, assim como o papel e relevância da vanguarda. Mas poucos anos depois, em 1969, Gullar dedica à questão um volume inteiro, intitulado *Vanguarda e Subdesenvolvimento*. E em vários trabalhos sobre arte, debate sistematicamente a noção de vanguarda.

Na verdade, ao longo da vida Gullar nunca deixou de ter, com o Concretismo, uma relação ambígua: ao mesmo tempo que o recusa, não deixa de reivindicar protagonismo na sua história, como interlocutor, dissidente ou mesmo opositor ainda dentro do campo vanguardista. Uma última decorrência dessa relação conturbada é a constrangedora e sempre renovada polêmica que manteve com Augusto de Campos à volta de quem teria descoberto ou valorizado Oswald de Andrade – ou de quem Oswald teria gostado mais e talvez ungido como herdeiro, se tivesse tido tempo.

Mas a verdade é que a imagem de poeta que emerge dos textos críticos, dos depoimentos e das entrevistas de Gullar, bem como da sua práti-

---

39. *Idem*, p. 142.

ca poética permite perceber com clareza as enormes diferenças entre ele e os poetas concretos. Especialmente no que toca à concepção do que seja a função da poesia no mundo contemporâneo e de qual seria nele o lugar do poeta.

Uma primeira divergência de fundo – explicitada, aliás, por Gullar – é o caráter programático da prática poética daquela vanguarda. Haroldo de Campos, Augusto de Campos e Décio Pignatari produziram, como se sabe, um vasto acervo textual sobre a própria prática poética. Mas o que caracteriza esse conjunto de textos – especialmente os reunidos no volume *Teoria da Poesia Concreta*, mas não só – é o seu caráter programático. Nos concretos paulistas, tudo aparece como projeto-e-realização: primeiro o projeto, depois a execução. Mesmo quando há uma mudança acentuada de rumo, como no caso do chamado "salto participante", de 1961, tudo se passa como se o projeto se reformulasse, se apresentasse como proposta e depois a prática fosse dirigida por ele. O objetivo do discurso autoanalítico concreto é sempre apresentar um projeto claramente delineado e levado a cabo de moto metódico, com etapas consequentes e articuladas. Ou seja, para os concretos, o projeto – a construção racional dos parâmetros dentro dos quais se dará a prática – aparece como a parte essencial da sua narrativa e a justificação da prática poética.

Em Gullar, pelo contrário, nos dois textos que já referimos, mas também em várias entrevistas e na *Autobiografia Poética*, de 2015, nunca se trata de um projeto que dirige ou organiza a prática, mas apenas de uma prática radicalmente presa à subjetividade e suas circunstâncias culturais e políticas. Prática visceral essa, como vimos, que, levando a becos sem saída e sofrendo crises sucessivas, força a alteração de rumos e a escolha de atitudes que, a não ser talvez no caso dos poemas de cordel, sequer podem ser entendidas como projeto.

Assim também no que toca ao motor do movimento, à linha de inserção da escrita na história e à construção da obra. Nos concretos, o motor é a novidade, a evolução das formas, a construção do discurso adequado ao futuro da contemporaneidade. Por isso é tão importante para eles a consciência do lugar na série literária, a identificação do rumo a partir definição da herança, por meio de uma descrição do passado na qual se discerne um trajeto em direção à objetividade e à concretude textual, no sentido de um relevo para a forma verbal, sonora e/ou visual do texto. Seu esforço é mostrar a poesia concreta como um fenômeno ultramoderno, que se vale inclusive da nossa incultura para saltar diretamente para o futuro, sem os entraves da tradição. Por isso mesmo, em nenhum momento no discurso concretista aparece com destaque um "eu", uma insatisfação pessoal, existencial ou mesmo política, no sentido do posicionamento do sujeito perante o mundo, como determinante de uma direção formal ou de um projeto de escrita.

Já em Gullar é isso que se dá o tempo todo: o que ele apresenta como determinante da sua prática e das suas opções poéticas é, num primeiro momento, exclusivamente a sua subjetividade. E logo a seguir, quando se consolida a sua linguagem, sua origem e fidelidade de classe: o homem comum, que escreve para outros homens comuns. Ou seja, o fazer poético vai aparecer firmemente ligado à posição do poeta face à realidade social e política do tempo em que vive, num país atrasado e desigual. E é a tomada de consciência da realidade que ele apresenta, desde aquele texto de 1963, como o motor da sua evolução, que por isso mesmo não reivindica a linha reta. Pelo contrário, valoriza a sinuosidade, as hesitações, os recuos e as retomadas, assimiladas à busca da verdade e da relevância social.

Se agora compararmos essa poesia e a figura do poeta que com ela se constrói, com o que se identifica na obra de Augusto de Campos, que é o poeta concreto que mais próximo se manteve do núcleo programático, as diferenças ficam ainda mais claras. Isso porque, enquanto a obra de Gullar suporta várias narrativas, intimamente ligadas à história política e cultural do país, a de Augusto suporta apenas uma, que é a de guardião fiel dos ideais da vanguarda e da negatividade e deslocamento da poesia na vida social, registrando nos títulos dos livros a sua posição de exclusão voluntária do trato comum.

Esse contraste, ainda que bastante simplificado, permite ver por que Gullar passou a ser uma figura exemplar, um lugar de cruzamento e atualização das linhas de força da cultura e da literatura brasileira e internacional, que nele se sucedem, combatem ou coexistem. Nesse sentido, portanto, não é talvez exagero dizer que nele se atualizou, em certo momento, o poeta-bardo, que vive a poesia junto com o social e o social pela poesia, e que fala para a comunidade em nome da comunidade.

De fato, foi o que se viu quando, do exílio, Gullar enviou uma gravação do *Poema Sujo*, publicado ainda antes da volta do poeta, em 1976.

Esse longo poema, no qual Gullar ressuscita a sua cidade natal, revive a infância, particulariza a sua individualidade ao máximo, retoma as cenas e temas familiares que já fixara magnificamente em "A Casa" e "Uma Fotografia Aérea", provocou um impacto que hoje, quando o lemos no conjunto da obra, pode até parecer desproporcional.

Entre tantos, vejam-se estes testemunhos: Vinicius de Moraes, que foi quem trouxe de Buenos Aires a fita com a gravação da leitura, proclamou que ali estava "o mais importante poema escrito no Brasil nos últimos dez anos, pelo menos". Completando: "E não só no Brasil"[40]; Antonio Callado[41] o descreveu como um sismo, destinado a revolver a poesia brasileira; Nelson Werneck Sodré viu nele um "testemunho de uma época, [que] será lido, comovidamente, pelos nossos netos"[42]; Mário da Silva Brito comemorou o retorno de "uma linguagem tocante que a poesia brasileira há bom tempo vinha reclamando"[43]; e Pedro Dantas, por fim, afirmou, sem esperar que o tempo revelasse outro poeta à altura, que Gullar era "a última grande voz significativa da literatura brasileira"[44]. E ainda quatro anos depois, na apresentação do volume *Toda Poesia*, Sérgio Buarque de Holanda meditava sobre o *Poema Sujo*, e celebrava "o nosso único poeta maior dos tempos de hoje", no qual "a voz pública não se separa em momento algum do seu toque íntimo [...], das recordações da infância numa cidade azul, evocada no meio de triste exílio portenho". E terminava por declarar: "para a singularidade e importância da sua contribuição, só encontro de comparável, no Brasil, a prosa de Guimarães Rosa"[45].

E é preciso ter vivido aqueles anos finais da ditadura brasileira, ter ouvido as canções de protesto, ter acompanhado os horrores da tortura e ter

---

40. Vinicius de Moraes, "Sobre o Poeta".
41. Antonio Callado, "Sobre o Poeta".
42. Nelson Werneck Sodré, "Sobre o Poeta".
43. Mario da Silva Brito, "Sobre o Poeta".
44. Pedro Dantas, "Sobre o Poeta".
45. Sérgio Buarque de Holanda, "Toda Poesia (1950-1980)", p. IX.

convivido dia a dia com as truculências da censura para poder compreender com que comoção e paixão política foi lido aquele poema, construído inteiramente a partir da rememoração da vida de um indivíduo, aquele poema que apenas em dois momentos refere, e ainda indiretamente, os temas candentes da política e da repressão: na representação, ao final da primeira parte do poema, de seu coração como "combatente clandestino aliado da classe operária", e numa deslocada e aparentemente irônica referência a Karl Marx, na terceira parte. Ali, na voz do homem combativo, cuja biografia – como vimos – parecia simbolizar a de todos os que se ergueram contra a barbárie da ditadura, ouvia-se tudo: os motivos do exílio, o desejo de retorno, a evocação dos eventos miúdos, distantes no tempo e no espaço e transfigurados em símbolos do país perdido, a resistência possível e o anúncio de dias melhores, encarnados naquela voz, naquele recado que um poeta trazia de outro poeta, na noite escura em que se via mergulhada a nação.

Sem levar em conta a circunstância e a figura pública do poeta, por mais que o poema seja uma realização excepcional, não seria possível entender os termos da sua recepção, como se vê nesta declaração de Otto Maria Carpeaux, que sumaria o sentimento dominante na época, entre uma parcela significativa da intelectualidade de esquerda: "*Poema Sujo* merecia ser chamado *Poema Nacional*, porque encarna todas as experiências, vitórias, derrotas e esperanças da vida do homem brasileiro"[46].

Esse é, pois, o momento apoteótico da recepção da obra de Gullar, no qual se dá, de modo explícito, a celebração do Poeta, nos termos em que Carlyle definia o homem de letras como herói. E o que ele disse de Johnson, Rousseau e Burns, era uma componente da recepção daquele poema, naquele momento: "They fell for us too; making a way for us".

Mas justamente um dos elementos que ali dinamizou a leitura e respondeu talvez por algum reforço na valorização da obra – o viés político, o lugar de onde fala o poeta e seu caráter exemplar na comunidade dos seus leitores – décadas depois vai funcionar em sentido inverso.

---

46. Otto Maria Carpeaux, "Sobre o Poeta".

48 CRISE EM CRISE

Refiro-me, está claro, ao fato de Gullar, nos últimos dez anos, ter-se tornado um crítico feroz do PT e dos governos de Lula e Dilma. O efeito dessa guinada política – que na verdade se pode explicar como ajuste de contas entre antigas correntes de esquerda na época da ditadura, quanto a iniciar ou não a resistência armada[47] – aparentemente foi devastador para a recepção da poesia de Gullar. A tal ponto que, no momento da sua morte – apesar de seus últimos livros terem recebido boas críticas e prêmios por época do lançamento – escassearam os necrológios e as homenagens – e nas que houve, é fácil constatar que a figura pública de Gullar está muito longe de ser hoje o que foi até a virada do século.

É razoável pensar que se trata aqui de uma conjunção de fatores: ao mesmo tempo que Gullar apareceu ao seu público preferencial como um renegado político – isto é, alguém cuja figura deixava de ser exemplar, heroica ou simbólica do momento da nação –, passamos a viver um tempo no qual a literatura (e particularmente a poesia) veio tendo cada vez menos relevância social e cada vez menos importância na formação do cidadão e no debate público. Mas como parece que este último fator se fortalece a cada dia – principalmente no Brasil, onde a educação experimenta uma crise que só encontra paralelo na desagregação institucional do país –, é possível e até provável que, mesmo não conseguindo reverter a baixa do momento, Ferreira Gullar acabe, como profetizou Vinícius de Moraes, por ser lembrado (nesse sentido de vate de canto geral e representativo do país), como "o último grande poeta brasileiro".

---

47. Eleonora Ziller Camenietzki, *Poesia e Política...*, p. 211.

3

Na Beira do Andaime[1]

Leio o volume recém-lançado pela Nova Fronteira, *Ana Cristina Cesar*, que inaugura a Coleção Novas Seletas. É um volume simpático, organizado pelo curador da obra de Ana Cristina, o poeta Armando Freitas Filho. É dele a apresentação do livro, como também é dele uma breve nota, à guisa de posfácio, que busca expor as linhas do chamado movimento de "poesia marginal", para nele situar a poeta.

Os textos vêm em ordem cronológica e se iniciam com um poema datado de maio de 1963, quando a poeta tinha dez anos de idade. É dedicado "a meu pai, bom e viajoso". O mesmo pai que, ao final do volume, junto com os dois irmãos de Ana Cristina, comparece com um breve texto biográfico sobre a filha que se matou na flor da idade e sobre a permanência da obra, a sua fortuna crítica.

Já a Introdução traz a imagem conhecida de outros depoimentos: Ana Cristina, criança ainda sem saber ler, pulando no sofá e ditando poemas à mãe, que os recolhia. A precocidade. E ao longo da Introdução e dos demais textos que integram o volume, o leitor é levado a contemplar instantes e flagrantes de uma vida intensa e breve como a chama de um fósforo.

---

1. Resenha do livro de Armando Freitas Filho (org.), *Ana Cristina Cesar*, Rio de Janeiro, Nova Fronteira, 2004. Publicada em *Sibila*, n. 6, 2004.

Todo o volume é assim composto sobre um único ponto: a interrupção inexplicável da vida da poeta. E o tom dolorido dessa construção contamina até mesmo o desenho da coleção que inaugura, ao propor que essa é a poeta adequada aos jovens leitores inquietos aos quais a mesma coleção se destina. Trata-se afinal, diz o organizador, de uma poeta que é "menina, moça e jovem mulher, nessa ordem de aparição" e, por isso, "uma contemporânea" dos jovens de qualquer época.

A leitura dos versos me faz retomar o livro principal de Ana Cristina, *A Teus Pés*, na segunda edição da Ática, de 1999, que amplifica o travo de amargura resultante do exame da nova antologia[2]. A sequência das fotos iniciais me parece impressionante. Os textos, por outro lado, respiram a atmosfera das fotos, transpiram os emblemas de uma época da qual ela mesma, Ana Cristina, foi e continua sendo um ícone.

Os dois volumes caminham sobre um fio de navalha: nem sempre é possível saber com clareza se cultuam ou celebram a poeta ou a pessoa. Há fotos, há prefácios muito pessoais e, no livro recém-lançado, tocantes depoimentos dos irmãos e do pai. O texto de um dos irmãos, inclusive, é nada menos do que uma carta à irmã ausente.

O tributo de amor comove. A jovem mulher que não teve futuro, que se negou ao futuro por um gesto violento, precisa ser reconstruída. A forma dessa reconstrução é arqueológica. No museu da memória se expõem e se celebram as fotos, as lembranças, a mitologia familiar. Como se o gesto que cortou o sentido pudesse ser neutralizado pela recomposição do ser na sua única dimensão possível, que é a do passado. Como se a vida que não houve se desdobrasse para trás, em busca de uma plenitude que pudesse tornar suportável o presente dos que a leem mais de perto ou que escrevem afetivamente sobre ela. O travo melancólico provém, no caso do livro recente, também desse esforço, pois o absurdo da morte breve não se dissolve pela reconstrução de um passado luminoso. A reconstrução o torna, na verdade, ainda mais insuportável.

Nesse momento, sem desmerecer ou desqualificar o tributo de amor, o que vem para primeiro plano é a eficácia da construção literária: os ver-

---

2. Ana Cristina Cesar, *A Teus Pés*, 2ª ed., São Paulo, Ática, 1999.

sos, os trechos que parecem de diário, os registros do cotidiano da aluna, tradutora, professora, viajante, tudo ganha intensidade maior. O sentido passa a habitar, sob a forma de indício ou de disfarce, cada pequena parte disso que ficou sendo a sua obra, ainda por ser inteiramente organizada ou editada.

Não é, entretanto, uma intensidade que se faz por violência ao texto. Pelo contrário: ou o texto já previa essa leitura, ou a sua forma relativamente frouxa se revelaria muito adequada à forma da leitura que seria a sua.

Inclino-me, relendo, a pensar que a forma da escrita não apenas permite a operação de leitura passional, mas que a incentiva, que a requer desde o princípio.

E se é verdade que a rápida notação, a linguagem informal, a apresentação de *flashes* das angústias sexuais, familiares, literárias, tudo isso fica permeado pelo destino escolhido, pela vida voluntariamente truncada ao meio, também é verdade que esses traços formais pressupõem e desejam uma leitura dramática, tensionada, ainda que não determinada pelo sentido que depois veio redimensioná-los numa direção única.

Esse sentido único de leitura, instaurado pelo suicídio, por sua vez se instala definitivamente em todas as imagens críticas. É o solo sobre o qual a crítica, numa direção ou noutra, tem de caminhar.

No Prefácio de *A Teus Pés*, por exemplo, escreve Armando Freitas Filho:

"Escrevo *in loco*, sem literatura", afirma a. c. em texto inédito. Esta frase sucinta revela toda sua práxis de escritora.

E continua, mais adiante:

[...] os raros que possuem essa percepção sabem que a poesia nesse estado de latência somente se deixa surpreender em plenitude quando a violência que reduz sua quantidade, paradoxalmente, amplia e concentra seu extrato, seu leque de significados, o número de suas raízes, agora expostas, como uma planta que se arranca do vaso[3].

3. Ana Cristina Cesar, p. 7.

As raízes expostas, o estado de latência. Essas imagens se aplicam sem dúvida aos textos de Ana Cristina. Mas ganham especial força e sentido a partir do ângulo obrigatório criado pelo desenho biográfico.

Entretanto, com ou sem distância de leitura, o que não parece possível é aceitar sem comentários a afirmação da autora, transcrita como testemunho no texto de Armando.

Na verdade, é o contrário disso o que sugerem as inúmeras alusões e apropriações de textos e nomes emblemáticos da cultura ocidental no texto de Ana Cristina. Baudelaire, para citar logo o mais importante, é nomeado, incorporado e, mesmo, num sentido bem moderno, implacavelmente pilhado por Ana Cristina. O mesmo acontece com Elisabeth Bishop e com Sylvia Plath, para não mencionar Bandeira e Drummond.

"Sem literatura" é, antes, a forma literária por excelência de Ana Cristina Cesar. Ou, olhando por outro ângulo: autobiografia, registro imediato, fala confessional são configurações literárias da sua produção *in loco*. Escrever "*in loco*, sem literatura" não é, portanto, uma declaração que aspira à descrição da verdade, mas um desejo de estilo. Um desejo de efeito de verdade. Ou seja, um ideal literário.

No caso, como mostra a história, um ideal atingido, pois redundou na forma específica de Ana Cristina não apenas conceber e praticar a literatura, mas também na forma que a sua biografia e a herança dos seus temas impuseram à leitura dos seus textos.

Enquanto avaliava o efeito da leitura conjunta da antologia e do livro *A Teus Pés*, ocorreu-me uma explicação da origem do poder persuasivo e sedutor dessa escrita, recebida nessa clave de leitura. Pareceu-me que esse poder procedia daquilo que Bachelard denominou "complexo de Ofélia". Sob esse nome, o filósofo identificou e descreveu um dos grandes complexos literário-afetivos do Ocidente: a bela mulher morta na flor da idade, transtornada na sua razão, e que nos contempla de sob o espelho de água, ainda com os gestos congelados de um canto interrompido. Mas se é esse poderoso complexo que eletrifica hoje a leitura dos textos fragmentários e lacunares que se juntam sob o nome de Ana Cristina, há um corolário que não pode ficar na sombra: o de que o complexo de Ofélia não parece uma imposição póstuma, mas sim aparece como elemento central dessa poética, como forma estruturadora dos textos e fragmentos. Melhor dizendo, como núcleo anunciado de uma construção de personalidade poética.

O desarranjo interior, a incompletude e volubilidade da linguagem, o amor proibido, a carência de sentido na passagem do tempo, tudo isso se conjuga com a estrutura frouxa e lacunar dos textos como índices de impossibilidade. Como resume, numa clave otimista, o poeta Armando Freitas Filho, no final da sua apresentação do livro recém--lançado, o que Ana faz é "pegar o pássaro sem interromper o seu voo".

É uma boa imagem da forma de leitura que o texto, a vida, a morte e a fortuna crítica de Ana Cristina fixaram para nós: tentamos a todo momento adivinhar a posição e os movimentos do pássaro, cuja direção de voo conhecemos. Mas essa posição e movimentos não nos permitem acesso ao seu corpo, nem à compreensão do seu destino. Permitem, sim, que nos detenhamos, com prazer, na contemplação da sua arte de se manter no ar e, por breves instantes, elegantemente se mover de uma parte a outra parte.

Nesse sentido, para as novas gerações, que começarão a frequentar o texto de Ana Cristina por meio do livro da coleção Novas Seletas, o caminho está bem traçado. Ana Cristina poderá ser lida em dois registros, anunciados nos dois textos de Freitas Filho: como a jovem Ofélia, que fala diretamente, com as suas palavras e a sua biografia, aos jovens leitores que são, em princípio, seus contemporâneos no espaço de vida em que ela brilhou; como um emblema de uma época e de um projeto literário que se chamou "poesia marginal"

O que seria preciso verificar é como esses dois registros se reforçam ou enfraquecem mutuamente. Ou seja, qual a relação tensa que se estabelece entre as duas postulações: a que enfatiza o caráter único da obra, definido pelo gesto biográfico decisivo, e a que enfatiza o seu caráter emblemático como síntese dos ideais de uma geração.

Penso que, embora se tenha fixado a imagem dos anos da 'poesia marginal' como um período no qual a literatura andou muito próxima da vida, talvez a maneira mais interessante de formular o problema seja a de que se tratou de uma época na qual dominou, em alguns grupos e espaços, um projeto de vida que consistia em fazer da vida algo muito próximo da literatura.

Nesse sentido, a vida/obra de Ana Cristina Cesar é um dos momentos centrais na constituição, entre nós, da dicção e dos efeitos culturais e comportamentais daquilo que se denominou, no mundo da poesia inglesa, *confessional poetry*. Ana Cristina é um dos lugares principais (senão o principal) do novo discurso poético, que funda a produção e a leitura do fragmento, a recolha do lugar-comum e a incompletude estética como resultado da sinceridade confessional ou como índices da impossibilidade mesma da confissão total. Esse é, do meu ponto de vista, um dos seus méritos de novidade. O de ter aberto, no campo dominado pela poética construtiva e objetivista das vanguardas vindas dos anos 1950, uma nova forma de produção, circulação e, sobretudo, recepção de poesia.

E agora posso perceber o que, na configuração geral do volume, deu-me o especial travo de leitura. E foi que à dimensão propriamente literária, que vim descrevendo, se sobrepôs, por conta da especial natureza dos textos que rodeiam a coletânea, a dimensão privada e dolorosa de um fato que é absorvível e contemplável apenas do ponto de vista do recuo histórico e da observação crítica. É certo que essa dimensão acaba posta a serviço da literária. É gesto de amor, mas visa à redenção do outro gesto, irredutível como eco familiar e afetivo, e que, por isso mesmo, precisa se inscrever como produtor de sentido que não morre.

O viés produzido por esse gesto e o *pathos* que ele produz operam uma certa distorção, como as lentes de aumento. Levam a ler o texto com uma disposição complexa e inusual. Foi isso o que primeiro me chamou a atenção nesse volume. E penso que seja o seu principal apelo para as novas gerações a que ele se destina.

No que diz respeito ao corpo da antologia recém-lançada e às notas inseridas pelo organizador, tenho poucas observações. Dizem respeito exclusivamente a algumas alusões, entre as muitas que o organizador anotou, que ficaram sem registro.

A primeira é a mais importante. Ela ocorre no texto "21 de fevereiro", no qual se lê "abomino Baudelaire querido" e, logo abaixo:

Minha dor. Me dá a mão. Vem por aqui, longe deles. Escuta, querida, escuta. A marcha desta noite.

Trata-se, no caso, de aproveitamento livre destes versos do soneto "Recueillement", de Baudelaire:

Ma douleur, donne-moi la main; viens par ici
Loin d'eux. [...]
Entends, ma chère, entends la douce Nuit qui marche.

A anotação, com a transcrição de uma parte maior do soneto, permitiria sublinhar o fato de que, por meio da incorporação das palavras de Baudelaire, Ana Cristina traz, para dentro do seu texto, todo o clima funerário da imagética que o poeta francês dinamiza nesse poema.

Da mesma forma, penso que valeria a pena acrescentar uma nota ao poema "Travelling", no qual se lê:

Elisabeth reconfirmava, "Perder
é mais fácil que se pensa".

Aqui, porque se trata de alusão ao estribilho de um conhecido poema de Elisabeth Bishop, poeta que foi traduzida por Ana Cristina. A particular fusão biografia/obra que anima o texto de Ana Cristina, assim, ganharia com a indicação.

No caso, o poema se intitula "One Art" e o estribilho *é*:

The art of loosing is not hard to master.

Por fim, talvez valesse a pena registrar que o poema metalinguístico "Nada, Esta Espuma" assim se nomeia por conta de um célebre soneto de Mallarmé, que começa exatamente por "Rien, cette *écume*, vierge vers".

Essas observações, se são reparos, são reparos pequenos. Na verdade, são apenas contribuições ao organizador, para as próximas edições do livro, que certamente virão.

E embora houvesse outros pontos de interesse a discutir no volume, do ponto de vista da sua organização, não vou me deter agora sobre eles.

O que me importava aqui, mais do que fazer uma resenha crítica desse volume particular, era aproveitar a oportunidade de refletir, por alguns momentos, sobre a sensação estranha que há tempos me causa a leitura extensiva da obra de Ana Cristina Cesar.

4

O "Poema-Cocteil" e a Inteligência Fatigada[1]

Elefante, de Francisco Alvim, representa um momento de afirmação dos vetores de força principais da obra do poeta. Aqui, como nos textos reunidos há doze anos, temos, de um lado, a ostentação de uma atitude "antipoética", que se materializa no gosto pela recolha da frase-feita, do lugar-comum discursivo ou de expressões típicas de uma classe ou ambiente social; de outro, a manutenção, em alguns momentos, de uma dicção mais alta, em que reencontramos uma sintaxe, uma imagética e uma dicção mais tradicionalmente identificadas como "poéticas". Neste volume, o que há de novo é a redução do número de textos desse último tipo – que, no seu caso, se resumem de ordinário a uma espécie de pastiche de Drummond – e a acentuação do gosto pelo "poema piada" ou "poema-*cocteil*", para usar as denominações de Sérgio Milliet e Mário de Andrade.

No caso de Francisco Alvim, a segunda expressão é preferível, pois a maior parte dos textos busca não a graça da piada, mas produzir o sorriso elegante, crítico e distanciado, que se origina da percepção do choque entre a expressão banal e a inteligência culta que se exibe nas coxias do

---

1. Resenha do livro de Francisco Alvim, *Elefante*, São Paulo, Cosac & Naify, 2000. Texto publicado em *O Estado de S. Paulo*, 5 de novembro de 2000.

poema. Eis alguns exemplos de poemas breves: *1.* "Balcão": Quem come em pé / enche rápido. *2.* "O Gênio da Língua": Corno manso / Bobo alegre. *3.* "Teteia": Quem te deu esse brinquinho? / Comprei lá na feira do Gaminha. *4.* "Irani Manda Gilson Embora": Eu mando / Mas ele não vai. *5.* "Argumento": Mas se todos fazem. *6.* "Um Guarda-Chuva": *Un objet de circonstance* / (um objeto de circunstância) / a *été oublié dans la salle d'attente* / (foi esquecido na sala de espera). *7.* "Psiu": Volto já. *8.* "Una Más!": Servidor! / Caramba!

Essas e outras *boutades* um pouco mais longas preveem um público evidentemente educado, que se diverte no trânsito entre as línguas, ironiza pequenas fofocas palacianas, se reconhece na experiência do tédio burocrático, aprecia a crítica elíptica dos maus costumes nacionais e valoriza uma forma específica de incorporação do popular: o *ready-made* que, por contraste com o resto, acaba produzindo frequentemente um retrato entre irônico e sentimental (e às vezes culpado) do vulgar. Também me parece claro que o melhor leitor previsto nesse tipo de procedimento de montagem é o que é capaz de, desprezando a trivialidade e a repetição exaustiva do procedimento, interessar-se mais pela intenção de alegorizar o país que está presente nestes recortes frasais e nessa sistemática oposição dos registros. Ou seja, o leitor ideal da poesia de Alvim é o que está disposto a descobrir-lhe ou ressaltar-lhe a intenção paródica e política, e a apostar, dessa forma, que nisso reside algum tipo de excelência poética, de que seus poemas participam.

Quanto a mim, concordo com Mário de Andrade: o poema-cocteil é uma das piores coisas da literatura brasileira. Não só, como pensava já em 1931 o autor de *Losango Cáqui* (e provavelmente não sem autocrítica) a propósito de Drummond e de Bandeira, porque é o índice de uma "inteligência incapaz e fatigada", mas principalmente porque, como também reconhecia, trata-se de uma forma discursiva apenas aparentemente sofisticada: "[...] antes de mais nada, isso é facílimo: há centenas de criadores de anedotas por aí tudo"[2]. É verdade que Alvim não cria anedotas, mas

---

2. Mário de Andrade, "A Poesia em 1930", *Aspectos da Literatura Brasileira*, São Pauo, Livraria Martins Editora s.a., 1972, p. 34.

O "POEMA-COCTEIL" E A INTELIGÊNCIA FATIGADA 59

apenas fragmentos, esboços, índices minúsculos de anedotas possíveis. Mas a repetição monótona dos procedimentos e a evidente proposta de compor uma alegoria "crítica" com os *ready-made* linguísticos reduzem o alcance e o interesse dos seus poemas a um objeto de salão, conversa pouco mais que trivial e levemente cifrada. Ou seja, o efeito de sentido é muito semelhante ao do poema-piada típico modernista, mas com uma diferença: não se apoia esse tipo de poesia apenas numa cumplicidade de expectativas literárias, isto é, numa comunhão de gosto ou crença de "política literária". Apoia-se, isso sim, numa cumplicidade de alcance mais abrangente: geracional, amplamente politizada e, claro, também de gosto. Celebrada num pequeno grupo, onde é proclamada grande poesia, a de Francisco Alvim, no meu entender, pouco tem a oferecer além do círculo fechado de referências e práticas culturais de que ela é a glosa e, ao mesmo tempo, a retrospectiva e irônica celebração.

Por outro lado, é preciso reconhecer que, se há quem consiga propor com alguma repercussão crítica esses enunciados banais (que parecem fazer da mediocridade dos procedimentos o próprio núcleo do sistema de composição) como grande poesia de interesse geral, então ou os textos ou a figura pública ou a inserção intelectual de Francisco Alvim entre os colegas de geração possuem uma força que é preciso melhor considerar e compreender. Talvez porque os poemas me pareçam desinteressantes sob qualquer ponto de vista que privilegie a sua concretude textual, penso que a sua capacidade de mobilizar ou permitir investimento cultural tão forte quanto o que tem recebido só pode atribuir-se aos outros dois fatores, a algo que eles implicam ou representam e a que alguma crítica se esforça por subordinar os critérios comuns de apreciação da qualidade estética.

Para glosar, por contraposição, uma dessas frases que tanto atraem a atenção do poeta, creio que, aqui, o buraco está mais em cima, isto é, a questão da repercussão geracional não tem a ver com idiossincrasias apenas, mas procede da alteração de formações culturais muito amplas, cujas consequências ainda demorarão um bocado para se fazer sentir em toda a sua extensão.

É que, neste momento, a longa hegemonia dos pressupostos, do gosto e dos critérios de avaliação do Modernismo de 1922 – tão firme, vetusta

60 CRISE EM CRISE

e duradoura, pelo menos, quanto a Faculdade de Letras da Universidade de São Paulo – parece finalmente fazer água por todos os lados. Até onde posso ver, já estão bastante abalados os principais esteios das sínteses mais consagradas da história literária brasileira: o ponto de vista teleológico que organiza a narrativa a partir da afirmação do internacionalismo progressista da modernidade paulista, a crença na ilustração cultural como forma de superação do atraso brasileiro e a oposição rígida (tão típica dos anos 1950 e 1960) entre "esteticismo" e "participação".

Minhas hipóteses críticas e explicativas do descompasso entre o que leio na poesia de Alvim e o que leio em certa vertente crítica prestigiosa procedem dessa percepção, e são duas. A primeira é que, talvez por isso, porque o Modernismo vai se tornando cada vez mais uma velha experiência histórica, seja fácil hoje sentir o caráter cediço de tudo aquilo que, no livro de Francisco Alvim, o repete e que poderia ser denominado, como um seu poema breve, "Hommage à Oswald", ou subsumido na dedicatória de um outro, mais longo: "A Carlos Drummond de Andrade". A segunda é que talvez também por isso, num gesto deslocado, as homenagens ao antigo paradigma ainda possam encontrar nesse tipo de poesia (agora como há pouco mais de uma década) um lugar privilegiado de focalização e de celebração ritual. Essas formulações críticas, porém, como a própria poesia de Francisco Alvim, já não têm o mesmo apelo nem o mesmo vigor como atualização dos ideais modernistas. Pelo contrário, para além do virtuosismo no manejo de um repertório poético gasto, de categorias teóricas e procedimentos críticos muito bem conhecidos, o tom de ambos assume um sabor cada vez mais passadista, e os poemas e a sua crítica entusiasmada se deixam ler convincentemente como evocação, celebração já nostálgica dos estilemas e das certezas modernistas, tal como se foram cristalizando nos últimos quarenta e poucos anos.

5

FUNÇÕES E DISFUNÇÕES
DA *MÁQUINA DO MUNDO*[1]

O POEMA *A MÁQUINA DO MUNDO REPENSADA* tem três partes, sendo composto em versos decassílabos dispostos em terça-rima. A primeira parte retoma a representação da "máquina do mundo" em Dante, Camões e Drummond. A segunda expõe os desenvolvimentos da física e da cosmologia moderna (Galileu, Newton, Einstein e Poincaré), que permitiriam superar o modelo ptolomaico presente na construção metafórica daqueles poetas. Na terceira, que tem cerca de metade da extensão total do poema, o poeta propõe erguer-se à contemplação do universo concebido segundo a teoria do Big-Bang.

A forma estrófica, a divisão ternária, a emulação dos modelos e a vontade de apresentar uma visão totalizadora do mundo mostram que o poema é de matriz épica e que *A Divina Comédia* é sua referência principal. Como a *Comédia*, este poema se abre no momento do desvio da estrada estreita. Mas, enquanto Dante a perde sem perceber e o seu poema é o relato do périplo necessário à sua reconquista, o poeta de *A Máquina*, que confessa ser agnóstico e se declara presa da acídia generalizada no fim do milênio, quer voluntariamente extraviar-se da senda monótona

---

1. Resenha do livro de Haroldo de Campos, *A Máquina do Mundo Repensada*, São Paulo, Ateliê Editorial, 2000. Texto publicado em *O Estado de S. Paulo*, 24 de setembro de 2000.

CRISE EM CRISE

do seu tempo, invejando, como antídotos, o perigo e a oportunidade de heroísmo que reconhece no universo de Dante e de Camões.

Na obra de Haroldo, *A Máquina* é o resultado de uma linha traçada pelo menos a partir de *Signantia Quasi Coelum* (1979) e que passa por *Finismundo, A Última Viagem* e pelas traduções que o poeta fez de textos de Mallarmé, Dante, Homero e da Bíblia, que se incorporam pontualmente ao poema. Por ser o lugar de confluência dos principais vetores de força da poesia de Haroldo nos últimos vinte anos, é uma espécie de suma poética. E porque o poeta glosa o tema da senectude e da angústia da aproximação da morte, *A Máquina* parece propor-se também como testamento ou balanço literário.

Do ponto de vista da leitura, o primeiro impacto do poema é a sua versificação, pois a adoção da terza-rima não é pacífica. No que diz respeito à medida, há uma dúzia de versos claramente hiper ou hipométricos e dezenas de outros em que o metro só se mantém à custa de violências prosódicas notáveis[2]. As rimas também expressam a mesma tensão entre modelo e atualização: se muitas são raras e obtidas pela quebra de vocábulos (como se de fato importasse a rima perfeita e, mais que perfeita, preciosa), outras são apenas toantes e uma parte nem sequer se sustenta dentro do esquema adotado[3]. No que toca à sintaxe, ao mesmo tempo

2. No artigo de jornal não era possível dar exemplos dos problemas de versificação. Tomem-se agora, entre vários que poderiam ser registrados, estes versos hipermétricos: 27.1. "de carvões do feio drago – de renome"; 74.1. "seu circum-térreo curso estaria crente"; 103.1. "– retorno então à estreita via (quem há-de"; 131.3. "partículas se criam e se consomem". Já este é hipométrico: 76.3. "omni-potente (a *vis* peremptória)". O maior problema, porém, é a quantidade de versos que, para se enquadrarem na medida, precisam violentar a prosódia e mesmo o bom senso, como é o caso dos seguintes: 4.1 barrando-me: hybris-leoa e o variopinto (leoa+e+o em duas sílabas) / 6.2. "da dúvida angustia) – terço acidioso" (angustia é verbo, mas a leitura exige o ditongo); 11.1. "quisera como o nauta fiel ao real" ("fiel" e "real" como monossílabos); 13.1. "mão comandada – um dom saído do fundo" ("saído" como dissílabo); 22.2. "tétis o guiando) a vista logo inflama"; 29.3. "iam-se as partes do mundo em desfilante" ("iam" como monossílabo); 41.1. "já eu quisera no límen do milênio" ("já" e "eu" em uma sílaba); 47.3. "da sucessiva coorte caudatária" (tem-se de ler "cor-te"); 62.1. "se prefere): mas há outra alegorese" ("há" e "ou" em uma sílaba); 64.3. "termodinâmico: à ordem não revel" (tem-se de produzir a contração de co+à+or em uma sílaba); 23.3. "céus nele orbitando à alta luz que os flama" (tem-se de do+à+al em uma sílaba, o que aliás produz colisão de tônicas); 90.2. "fantasma em retrospecto índice enfim"; 119.3. "e à trina-e-una visão que resplendia; 126.2. "só o itabirano recalcitra e embora" (tem-se de ler só+o+i em uma sílaba).
3. Cedem à rima toante, por exemplo, as estrofes 145 e 146, onde rimam: dúbia / turva / ofusca. Em outras estrofes, sequer a toante se sustenta, como nas 110 e 111, onde deveriam rimar: oximoro

FUNÇÕES E DISFUNÇÕES DA *MÁQUINA DO MUNDO* 63

que o recorte das frases é independente do estrófico, a vontade de obedecer ao metro é a única explicação para a abundância de hipérbatos, *enjambements* e pausas no interior dos versos. A impressão geral da leitura é, assim, a de que há grande tensão entre a sintaxe, a prosódia e a tradição da forma estrófica adotada. Sem que se motivem as irregularidades e tensões, a tercina acaba por reduzir-se a um esquema abstrato, cuja validade se reduz ao seu valor icônico e cuja principal função é a de permitir a exibição de malabarismos tão simples quanto a quebra de sintagmas ou palavras para manter o metro e obter a rima.

Por outro lado, como as partes do poema são diferentes em escopo e assunto, e como são invariáveis a forma métrica, a sintaxe e a dicção em todas elas, cada uma produz um distinto efeito de sentido e de propriedade estética. No meu julgamento, a primeira, dedicada à exposição do antigo modelo cosmológico, é a melhor. E por incorporar questões, versos e cadências dos modelos o seu efeito geral é de pastiche. Já a segunda, de caráter expositivo e alusivo, é basicamente paródica. Na terceira parte, que é a apresentação da nova cosmologia, o predomínio de uma linguagem de cariz organicista, vitalista ou psicologizante produz o resultado mais curioso, pois o leitor deve optar entre entendê-la como construção irônica, ou senti-la como momento agudo de pura inconsistência entre a forma e o objetivo do discurso. Isso porque aí se encontra narrada a "gesta" do Big-Bang em termos e imagens como "ur-canto", "explosão parturiente", "berçário do universo", tempo-zero "ensandecido" e "ensimesmado", "mistério" que se cala, e o fim último da contemplação é a visão da abertura do "proscênio" e a contemplação do "grande banguê", a cujas portas o poeta se dirige com a palavra mágica de uma velha história: "Abre-te, sésamo!" Já o "pós-big-bang" é traduzido na imagem do "comburente/cristal em torno fluindo do sublime/trono divino" e, por fim, na da "roda sefirótica", ao lado da qual partículas subatômicas são como anjos: "exsurgem", "louvam a face e morrem de inefável/deslumbre".

/ síngulo / efêmero. Por fim, entre as estrofes 77 e 78 perde-se por completo a estrutura da terça rima, pois o verso interior da 77 termina em "talante" e os versos externos da seguinte terminam por "agora" e "hora".

64   CRISE EM CRISE

Schenberg, Benjamin e o misticismo judaico, sobrepostos, produzem aqui um discurso semelhante ao que Haroldo dedicara já em 1984 ao físico, depois que juntos visitaram umas ruínas maias. Ali, a sabedoria resultante da junção de física e poesia, ofertada à contemplação na estante e no "marxismo zen" de Schenberg, era uma flor de lótus, de onde "um bodisatva nos dirige o seu olhar transfinito". Nos dezesseis anos que separam um poema do outro, apenas se ampliou o substrato místico, que em *A Máquina* é mais eclético e sempre presente. De tal forma que, embora o projeto intelectual seja proposto como ascese agnóstica (148.3), o poema só parece existir porque continuamente se alimenta da linguagem da gnose que recusa.

Pudesse ser lida como uma construção irônica, ou pelo menos autoirônica, essa parte maior do poema ficaria mais interessante. Mas isso não é possível. Logo após a comparação das partículas com os anjos, incorpora-se a esse poema o passeio pelas ruínas de Palenque, que deu origem ao de 1984. Mas agora a serenidade da "mirada azul do mário" acaba contraposta ao tema central de *A Máquina*, a contemplação ou a aproximação da morte. A narração do passeio conduz à lembrança do terror causado por um tremor de terra no momento da visita ao túmulo do rei maia. E ela reintroduz e reforça o *topos* do senex, que se desdobra na exposição da falência do esforço para "perquirir o pelo no ovo". Contraposto ao físico de olhar búdico que resolve as tensões entre a ciência e a poesia, o poeta se descobre como lugar de inquietação e de insegurança quanto ao "desenigmar-se" do universo e da própria vida. Exposto o contraste, a transição para o final é rápida e o anseio cosmogônico se resolve em abdicação, reduz-se às vãs indagações com que o poema se encerra. Num texto que visa a expor em terça-rima a máquina do mundo segundo a cosmofísica atual, esse desenlace, a não ser irônico, ou é farsesco ou é apenas a confissão de que o velho não consegue dizer o novo, mas apenas apontá-lo como algo que não cabe nas metáforas com que se tenta apreendê-lo.

A conjunção pouco convincente da antiga forma e da nova cosmofísica, e a brusca interrupção do que era para ser a narração de uma "gesta" cósmica por um episódio biográfico que tem a função de um *memento mori*, leva-me a pensar que a melhor imagem para definir esse poema é o verso "à moira ambígua um tropo afaga: o oximoro". Um oximoro métrico, imagético e conceitual, que afaga e conjura, tematizando-o repetidamente, o destino inevitável do "cammin di nostra vita".

É dos momentos em que se dá essa tematização – vazada no *topos* do senex que se encontra no final do caminho (5.2: "dante com trinta e cinco eu com setenta") – e não do resumo mais ou menos dessorado de livros de divulgação do conhecimento físico atual, ou do artesanato algo furioso (e frequentemente de mau gosto) da palavra, que o poema extrai a sua força. Esta, apesar do grande dispêndio aparente de energia construtiva, é apenas, no sentido técnico e retórico, patética.

6

No Ar[1]

Com FIO TERRA, Armando Freitas Filho dá continuidade a uma obra poética consistente, iniciada em 1963.

Numa entrevista recente, o poeta declarou que "com a idade modifica-se tudo, geralmente para pior". A segunda metade da frase não é verdadeira no caso da sua poesia, pois a passagem do tempo não gerou neste livro as marcas comuns da facilitação. Pelo contrário, o leitor poderá encontrar aqui alguns dos textos mais impressivos do poeta: "Dois Estilos de Representação", "13.VI.98", "Boca Seca", "Prega-Rainha Suíte" e os dois poemas de homenagem a João Cabral.

Como objeto gráfico, o livro mostra cuidado de composição e disposição. *Fio Terra* tem duas partes. A primeira, que dá nome ao volume, se apresenta como uma espécie de diário, trazendo 33 textos, datados entre 5.5.98 e 5.7.98. A segunda, intitulada "No Ar", se compõe de 27 poemas. Enquanto na seção "Fio Terra" os textos vêm em sequência contínua, como parágrafos num texto em prosa, na seção "No Ar" os poemas breves iniciam sempre na página ímpar, ficando em branco quase todas as pares. Por força dessa distribuição, o equilíbrio numérico dos textos

---

1. Resenha do livro de Armando Freitas Filho, *Fio Terra*, Rio de Janeiro, Nova Fronteira, 2000. Texto publicado em *O Estado de S. Paulo*, 24 de dezembro de 2000.

de cada seção não corresponde ao espaço que ocupam no volume, pois o diário se comprime no terço inicial. Essa disposição talvez possa sugerir a condensação e a expansão associadas aos títulos (*terra* e *ar*); de qualquer forma, postula diferentes formas de leitura para cada uma das seções.

Na primeira leitura, a parte inicial oferece alguma resistência: a notação de diário, as marcas de continuidade e indicações de contexto pouco compreensíveis confundem o registro da leitura, produzem o equívoco da forma. A insistência nas datas exatas parece, a princípio, em choque com a natureza dos textos, pois nem há progressão entre eles, nem vetor de continuidade. Ao mesmo tempo, alguns ("29. VI.98", "8.VI.98" ou "15.VI.98") brilham isoladamente, sem depender do que os rodeia. Por isso, o sentido mais interessante da forma só se revela quando se desiste de buscar progressão, ou remissão de um texto a outro, ou ainda sentido de unidade ou totalidade (isto é, quando se desiste da leitura como "diário"). A marcação cronológica e a corrida disposição gráfica não são um princípio de composição ou de arranjo sequencial ou temático, e sim a reivindicação de que existe (ou deveria existir) uma forte vinculação do poema à experiência pontual e ao quotidiano. Funciona a forma "diário", assim, como uma espécie de declaração de princípios. E é por isso que essa parte acaba sendo o pórtico do livro e lhe definindo, com o nome, o sentido principal.

Em "No Ar", os textos vêm despidos de marcas externas de conjunto e de referências à época ou circunstância de produção. Do contraste, o que ressalta é o caráter atemporal dos poemas e das experiências neles formuladas. No "diário", os textos produzem a proximidade da experiência, apresentam-se como primeira depuração de um material que ainda guarda as marcas da origem, atestada pelas datas e pela vontade de fluxo contínuo, de notação centrada numa perspectiva íntima, numa "personalidade" identificável com o poeta; em "No Ar", desaparecendo as notações contextuais imediatas, bem como as referências à temporalidade externa e o tênue fio condutor e unificador do discurso confessional, o discurso se torna mais "impessoal" e mais ostensiva a reflexão metapoética, a inserção da voz lírica na tradição. Nesse sentido, o centro de força é, aqui, o poema que dá nome à seção: "No Ar". Celebrando a "arrastada voz de rádio à válvula", o poema traz para o primeiro plano da atenção a voz sem origem, só representação, momento de tensão entre os azares do desempenho e dos instrumentos de recepção.

Percebida a especificidade de cada parte, a releitura permite divisar o sentido do conjunto. O caráter introdutório do "diário", bem como o título geral do volume e o da segunda parte mostram que a metáfora central do livro é a transmissão da energia. Da energia bruta, que se escoa no cotidiano indiferenciado e da qual se recolhe o que é possível; da energia difusa e coletiva, da tradição que cada poeta captura, processa e difunde, conforme os instrumentos do seu tempo. Se essa metáfora une tensamente as duas partes no que diz respeito aos temas e questões, também dá unidade ao conjunto a recorrência dos procedimentos poéticos: o verso que é basicamente quebra sintática e rítmica e que parece, por isso, de corte arbitrário; a suspensão brusca do discurso no final do texto ou no meio de um bloco de sentido; o destaque da palavra rara; a súbita alteração do registro; o anacoluto e a elipse como princípios de composição.

Do ponto de vista da fatura, os pontos fracos são os momentos em que o jogo paronomástico, o trocadilho, aparece como puro procedimento indicial, de modernidade duvidosa. Por exemplo:

> onde nenhum endereço
> se abre para o pouso
> e que prossegue em suspensão
> dentro de um único fôlego:
> *não-ponte, pênsil, não pense*
> em desfecho repetido de onda
> ou no disparo que prevê
> a futura ferida do seu beijo ("Arco", grifo meu).

Ou ainda:

> Deus é um dado a mais à mão
> a um dedo só de mim, impercebido? ("6.IV.98").

Já os momentos mais fortes são aqueles em que à "quase-prosa" reflexiva, ao recorte do verso aprendido em Cabral, se acrescenta um toque de obscuridade, sugerindo o poema uma zona de inapreensibilidade de que ele é, mais do que o resultado, a presentificação. Como em "Nublado".

Na entrevista já referida, Freitas Filho dizia que "o poema contemporâneo não necessita de pontos finais, ele não 'acaba' exatamente. Um certo ar de *flash*, de flagrante, de acaso, de ambiguidade enfim, são elementos que devem ser recuperados". Não sei se esses elementos foram algum dia perdidos na poesia contemporânea. Creio que não. De qualquer forma, eles respondem pelos melhores momentos deste pequeno livro que é, no conjunto, muito notável.

7

A Górgona do Sentido[1]

MARCOS SISCAR É UMA das vozes significativas da poesia brasileira contemporânea. Tenho acompanhado com atenção e interesse cada novo lance da sua obra poética, bem como os ensaios em que reflete sobre poesia. Da sua poesia própria já se disse que é "culta e teórica"[2]. Por isso mesmo, provoca a reflexão crítica e estimula a discussão mais ampla.

Na última página do seu mais recente livro, O Roubo do Silêncio, lê-se: "Simplicidade é artifício recolhido, dobrado, alisado a ferro. Leveza aérea daquilo que foi corrigido e passado a limpo". E poucas linhas abaixo: "Simplicidade é aquilo que se quer. É a górgona do sentido. Desejo de dados já jogados, de versos estendidos com as faces para cima".

Aparentemente, temos na primeira sequência a glosa de um lugar-comum: em arte tudo é construção, a simplicidade é um objetivo de uma poética, um efeito, um resultado, não uma condição ou um estado de espírito.

Mas, se for assim, como entender a segunda declaração? Se a simplicidade é o que se deseja como resultado poético, qual é o seu aspecto horrível e qual o seu poder paralisante sobre o sentido?

---

1. Resenha do livro de Marcos Siscar, O Roubo do Silêncio. Texto publicado no portal Cronópios, em 25.10.2009
2. João Adolfo Hansen, na orelha do volume.

Do ponto de vista da formulação mais alta e convencional, bordejando a angústia da influência, essa górgona que atrai, que ameaça de paralisia, é um ser de muitos nomes. Alguns deles surgem com todas as letras na sequência desse último texto do livro: Bandeira, Montale, Kaváfis, cummings, T. S. Eliot. Uma lista sem evidente coerência, invejando de um o talento e de outro o esforço; de um o poema, de outro a sesta, do terceiro o ambiente, do quarto o que não é o procedimento difundido e mais característico, do último o que não é o tom. Uma listagem díspar que termina pela utilização banal da palavra que é objeto de todo o esforço aforismático do texto, reduzida a uma locução corriqueira: "Eu queria, *é simples*, mas bem aqui, longe de Starnbergersee", vinculada à afirmação do local, por interposição de outra reminiscência, a confusão de línguas e fronteiras, à margem do lago alemão da terra devastada. Ou seja, por um gesto de ironia insustentável no calidoscópio de citações, paródias, paráfrases e referências enviesadas que constituem o livro.

De fato, o livro é dominado pelo vulto dos paredros. Além dos que vêm nesse último texto, há dois nas epígrafes (Rimbaud e Drummond) e na *selva selvaggia* de reflexos, é fácil perceber a fisionomia fragmentária de Baudelaire, Mallarmé, Ferreira Gullar e outros que seria ocioso caçar para nomear aqui. Mas como a identificação dos intertextos é justamente a isca aliciante do livro, preparada para o leitor dotado de instrumentos para a decifração, a busca da simplicidade, que aparece como o ingênuo ridículo e é denunciada como repetição de estratégias, num jogo já jogado – e poderia completar, mantendo a paráfrase de Eliot: "por gente com quem não podemos pretender rivalizar" –, se tinge também de certa coloração melancólica – quase como a saudade de algo que nunca existiu senão como desejo. Não é possível estar bem aqui, se para definir o aqui se tem necessidade de convocar o Starnbergersee.

Por outro lado, é certo que nesse quadro o simples não é oposto ao complexo. O objetivo do texto não é discutir os limites da expressão do ponto de vista do conceito; pelo contrário, seu foco é a distinção entre simplicidade e espontaneidade, ou seja, imediatismo de expressão.

Sendo assim, o *sentido* que afinal pode ser paralisado pela simplicidade surge não mais como o significado, mas como aquilo que foi objeto de

A GÓRGONA DO SENTIDO 73

um sentir, que foi experimentado. Essa dupla acepção da palavra "senti-do", o reverter do nível de referência entre o abstrato e o concreto, entre o geral e o individual se mantém na sequência do texto e dá o movimento íntimo do livro, animando cada uma das suas cinco partes.

Delas ("Prefácio Sem Fim"; "Sentimento da Violência", "Ficção de Origem", "Balões Brancos" e "Cidades Sem Sol") é a segunda que inte-ressa a este comentário, porque dá o tom do livro e apresenta os ritmos e procedimentos que, ao longo das demais, comporão o retrato do tempo. Nela se encontra sintetizada a novidade desse volume, em relação à obra pregressa do autor.

A primeira peça da seção "Sentimento da Violência" se intitula "As Flores do Mal". O título instaura um desenho claro, que busca as fron-teiras da modernidade, pois o livro abre com a referência à obra que a crítica vulgarizou como marco de modernidade e fecha com a excelência modernista do *Waste Land*. As formas de lidar com a herança, de incor-porá-la e superá-la ou, pelo menos, decepá-la do seu poder de paralisia são um dos núcleos positivos de tensão do livro.

Desde o primeiro parágrafo, ocorre a redução bruta da expectativa e da perspectiva instalada pelo título a um cenário de fundo de quintal. As flores do mal terminam por ser carrapichos, nomeados cuidadosamente nas suas espécies. No entanto, o investimento alegórico é grande: o apa-recimento das ervas é devido a uma falha de responsabilidade individual, o silêncio é o gerador de mato, a erva impetuosa representa uma amea-ça para o espaço civilizado do pomar, o sentido calejado é espicaçado em certos momentos pela intrusão do mato, o arrancador de flores do mal se declara um misto de filósofo e artesão, um defensor da ordem no pomar, ou seja, no jardim das musas. Já não é um maldito este que nos fala. Não cultiva flores do mal, nem nelas se compraz culpadamente, nem demonstra maior empenho em combatê-las. Pelo menos, não é maldito pelas mesmas razões que Baudelaire, convocado pelo título. Não há aqui movimento luciferino de superar as limitações impostas por um deus ciu-mento às suas criaturas, nem comprazimento pecaminoso nos sentidos, muito menos revolta por não poder ter, deste lado da vida, delícias que se prometem para depois dela. Este parece afinal um ser inofensivo: enquanto as ervas se renovam, ele se deita na grama e no fundo da alegoria, após uma peleja exaustiva, na qual, de joelhos, arrancou alusões e ervas más que não param de brotar. A desproporção entre as referências do poeta contemporâneo e do poeta moderno cria um efeito de comicidade corrosiva, que mais se acentua pela ausência de epifania. Mas não é o absurdo o resultado. O absurdo não se instala a não ser por um momento, como decorrência da desproporção, como efeito da concentração no pequeno, no irrisório. O procedimento lógico aqui não é a *reductio ad absurdum*, mas a *reductio ad parvum*. Por isso mesmo, a peça seguinte, ao traçar a fenomenologia do carrapicho enfraquece a primeira, reinstalando um discurso alto, no qual a ironia fica contida ou se dissolve na evocação final da infância.

Na sequência, o texto que dá nome ao livro, embora seja aberto por uma volta à redução ao pequeno e pela corrosão irônica, logo ensaia a mimese do discurso engajado. Mas a ironia não pode tudo. Aqui, parece francamente impotente para afastar o namoro real, por baixo do pano, com o *Poema Sujo* de Gullar, que aflora não na última parte do livro, onde é chamado pelo nome (uma peça ali é denominada "Outro Poema Sujo"), mas disseminado intermitentemente ao longo do volume – respondendo pelos vários momentos de tensão mais baixa e formulações apaziguadoras da consciência burguesa (para usar a linguagem do engajamento) como, por exemplo, "Natureza Morta".

Contribui para essa impressão o fato de que, precisamente onde se poderia esperar a melhor justificação do título (no texto denominado "O Roubo do Silêncio"), depara-se com uma declaração das menos suficientes para explicar o sentido do livro, seu título e a própria forma assumida pelo seu discurso: "A vida vai bem em prosa, quando a violência lhe rouba definitivamente a liberdade de corte". É uma explicação que, se levada a sério, banalizaria a forma do poema em prosa de tal modo que não haveria gesto irônico posterior capaz de redimi-la. O melhor é concluir que, embora venha no poema homônimo do volume, não é uma asserção mais sincera ou confiável do que as demais, embora seja mais fácil de compreender do que esta outra: "O silêncio é o sofrimento da palavra, quando a poesia do silêncio lhe é roubada". O interessante é que

A GÓRGONA DO SENTIDO

o raciocínio não se segue: o definido entra como definidor. A poesia do silêncio é algo roubado à palavra; desse roubo resulta que a palavra sofre e a forma do seu sofrimento é a não-palavra, o silêncio. Se fosse possível, "simplificar" a proposição, teríamos que quando se rouba a poesia à palavra, obtém-se o silêncio. Nesse caso, a palavra não existiria plenamente sem a poesia. A poesia responderia pelo sentido da palavra; sem poesia, a palavra esvaziada equivaleria ao silêncio. Mas não é isso o que se lê. Há, claramente proposta, a existência de uma "poesia do silêncio", que ecoa a "musicista do silêncio" de Mallarmé. Mas a alusão não salva: a frase seguinte traz para o chão: "A vingança dos desapropriados é o barulho da prosa do mundo". Compõe um quadro de família, essa frase, quando posta lado a lado com esta outra: "a vida vai bem em prosa".

A encenação da violência moderna atinge ponto de destaque na peça "A Vítima", na qual o vocabulário exibe gosto cediço ("palavras peroladas de silêncio", por exemplo). Aqui também, a ironia não consegue vir em socorro do sentido: a cedência à moda do discurso contemporâneo sobre a violência termina por revelar-se a verdadeira górgona do livro.

O ressaibo do tributo ao empenho felizmente se dissolve em poemas como "*Ötzi*", que retoma o texto de abertura da seção "Sentimento da Violência" e consegue equacionar as linhas de força do volume, reduzindo o lugar do contemporâneo por meio da postulação de que as raízes das flores do mal se perdem no tempo. O homem pré-histórico, autor e vítima da violência, está na base de uma vertigem que guarda alguma semelhança com a da impotência frente às ervas daninhas: "Deito-me no tapete para ver melhor". A frase final, porém, é quase um arrependimento do que parece um falhado impulso de transcendência: "Talvez algumas se levantassem, tendo força de presente, e invertessem por curto instante a direção daquilo que, em nosso olhar, divertido, observa". Por que "divertido"? O sentido mais arcaico é "desviado" ou "dissimulado". Mas o uso contemporâneo produz um ricto de ironia, de sabor defensivo. Sem a ambiguidade entre o sentido presente e o arcaico – que de fato é preciosa –, o poema perderia um pouco da sua força, que é grande, num fecho acomodatício.

Um exercício final de definições encerra a parte das "flores do mal", fronteira deste comentário. Intitula-se, alusivamente a Perec, "Modo de Usar". A bula, não a arte poética – é o que diz o título irônico sobre esse breve capítulo de poética assertiva.

O texto abre com outra frase de feição lapidar: "Sinceridade não vai bem em prosa". Logo, sendo em prosa o livro, ou ele destoa do esperado, porque é sincero; ou atende ao esperado, negaceando ou sendo moeda de troca. Qual o terceiro excluído? Se a oposição fosse entre a poesia e a prosa, a decisão seria mais difícil. É, porém, entre duas formas – digamos – de disposição: verso e prosa. Por isso a poesia pode entrar como o terceiro elemento, a separar ou a unir os contendores: "o verso se torna a prosa da poesia quando se nutre da fidelidade à experiência ou da impessoalidade programada". É um jogo com três elementos, portanto. E a forma da frase nos permite supor a possibilidade de uma operação inversa, que teria por expressão a pergunta: de que modo se poderia obter a poesia da prosa? Ou não existe uma poesia da prosa, mas apenas uma prosa da poesia? Qual é o tipo e qual é a variação por carência ou acrescentamento: a prosa ou a poesia? A frase final poderia fazer a aposta pender para a primeira: "não há verso simples, apenas prosa subvertida". Mas haveria um verso complexo, que não guardasse com a prosa nenhuma relação? Ou é apenas o desejo de simplicidade que torna o verso uma modalidade da prosa?

As perguntas que esse discurso desperta ou mesmo exige evidenciam outro aspecto, outra inflexão temporal, senão mesmo formal: ensaia-se aqui o ensaio. O gosto do paradoxo, porém, e o pendor para o lapidar paralisam o movimento próprio da forma, que é o desenvolvimento e a clarificação de uma percepção, de uma intuição.

O que há de ensaio nesse livro, assim, além de evocar os mitos, as origens e os adversários que busca exorcizar, é uma reivindicação de genealogia e um conjunto de recusas, que mapeia as atualizações contemporâneas da forma. Mas o faz não a modo de discurso sobre, mas de discurso ao lado, que almeja presentificar a questão que examina ou convoca. Ou seja, como arte. Como se lê em outra parte, "o que pode haver em comum entre um poema e um ofício [...] é relevante para a poesia?

A GÓRGONA DO SENTIDO

Digamos que só um poema pode dizê-lo". Mas, no quadro traçado pelo livro, talvez o leitor devesse completar, levando ao limite o paradoxo: ...em prosa. Ou em quase-prosa, como mostra ostensivamente "Poesia a Caminho", único do livro que vem despido dos apetrechos mais ostensivos da pontuação e das maiúsculas, funcionando o polissindetismo e a dificuldade da delimitação sintática, paradoxalmente, como o corte recusado dos versos.

Mais do que um conjunto de ensaios sobre a poesia, tem-se aqui um conjunto de quase-ensaios ou paraensaios variados à volta da e de poesia. Em "Prosa", as drummondianas "palavras [que] rolam num rio difícil e se transformam em desprezo" aparecem metamorfoseadas em "minhas escamas se descolam, rolam num rio difícil e se transformam em história". Essa nova procura da poesia não se faz em versos, mas em compensação a metáfora pode ocupar o lugar na ponta da mesa do banquete. Não se trata agora de palavras rolando autônomas ou em estado de dicionário, mas de partes que se desprendem de um corpo metafórico. E como tal esses fragmentos deixam um rastro, que é história. Ou seja, registro, matéria memorável, narrável. O quase-ensaio dessa prosa que aspira à poesia é, portanto, num tempo que transborda a modernidade que lhe dá estofo, uma ambição de registro do "sentido", do vivido, protegido pelo artifício da górgona que o paralisaria.

Noutro trecho, que aponta para o mesmo poeta, lê-se "Vou lhe contar um segredo. Hoje em dia, é preciso coragem para escrever um verso sincero". Frase que o livro permite desdobrar: é preciso coragem para escrever um verso; é preciso coragem para escrever sinceramente. É a "alegria da negação", que também se convoca naquele texto central, chamado "Prosa", que começa afirmando a indeterminação: "Na superfície deste pântano, quando uma cabeça assoma fora d'*água, não se sabe se é pato ou serpente*". Em outro nível, se é ensaio ou poesia.

O que permite ler o seu livro como uma resposta a pragas da literatura brasileira atual, em domínios que se mantêm à margem do romance estribado na história e na memória, no relato policial ou no turismo dos lixões e das favelas. De fato, não há aqui o tatibitate minimalista da poesia de herança concreto-cabralina, nem parentesco com a prosa sua irmã, prisioneira da paronomásia, nem concessões à gaiolinha pintada dos novos parnasianos – escravos da medida automática, acadêmicos no sentido curto –, e muito menos comunga este livro o caldo indigesto de preciosismo tardo-simbolista, autointitulado neobarroco, amante do bestialógico.

Com esse gesto, o poeta terá respondido melhor ao desafio do que o crítico. De fato, Marcos Siscar crítico talvez não concorde com este panorama da poesia brasileira contemporânea. Pelo menos, não concordava quando, um ano antes do *Roubo*, assinou um texto sobre "A Cisma da Poesia Brasileira", no qual se revelava otimista, capaz de apostar em que a profusão de má poesia e os muitos reparos críticos ao que boiava nessa grande maré de coisas ruins fossem, em si mesmos, um índice da importância da mesma poesia má ou, quem sabe, um sinal de que a questão da qualidade merecesse ficar em segundo ou terceiro plano perante a vitalidade que a agitação lhe sugeria. O que é estranho, pois um homem atento ao quintal não deveria confundir agitação com vida, desde que tivesse visto como o rabo cortado de uma lagartixa se debate sozinho, enquanto o corpo a que pertencia passa ao largo, em grande carreira.

O Roubo do Silêncio é um livro relevante não só pelos seus momentos altos de realização, mas porque não é solidário ao geral, porque ensaia um produtivo discurso de fronteira e porque o seu caráter claramente defensivo pode ser lido como uma afirmação arrevezada da centralidade da poesia no contemporâneo. Pato ou serpente, está acima do nível viscoso da água.

8

Humor/Amor/Horror[1]

Comprei o volume *Melhores Poemas*, de José Paulo Paes, selecionados por Davi Arrigucci Jr. É a segunda edição. A primeira saiu em 1998, ano em que faleceu o poeta. Só quando cheguei em casa e o fui colocar na estante, descobri que já o tinha na edição original. Como pude ter esquecido que o comprara? A resposta me apareceu de imediato: da mesma forma que me havia esquecido completamente de quase todos os seus versos. De fato, do que é que me lembrava? De quatro poemas, talvez cinco. No máximo meia dúzia. Alguns visuais, um estranho texto sobre um jabuti que perdera a companheira e mais um, cuja leitura me marcou, mas não por motivos literários.

Nos últimos anos, a vida de José Paulo Paes se confundia, para mim, com a sua poesia. Sobrepunha-se a ela, na verdade. Desde que, em 1992, seis anos antes da sua morte, publicou em livro um dos seus poemas mais conhecidos, "À Minha Perna Esquerda". Era uma coisa pungente: o poeta, face à necessidade de amputação de uma perna, tinha escrito um poema carregado de ironia e morbidez. Era desses versos que me lembrava perfeitamente bem. Talvez por ter conhecido o poeta, numa das várias

---

1. Resenha da antologia de José Paulo Paes, *Melhores Poemas*, org. Davi Arrigucci Jr., São Paulo, Global, 2000. Publicado em janeiro de 2001, no jornal *Correio Popular*.

vezes que veio à Unicamp. Talvez porque sua análise ocupasse mais de um terço das 46 páginas do longo ensaio introdutório de Arrigucci, que precede os poemas.

Por conta dessas reflexões, decidi ler novamente a antologia e tentar perceber agora, à distância de uns poucos anos, o que são esses poemas.

Os primeiros, que o organizador selecionou de três livros publicados entre 1947 e 1954, são anódinos. A voz do poeta oscila entre Oswald, Bandeira, Murilo Mendes e Drummond. Arrigucci considera que, a partir de 1951, o poeta já tem voz própria e está encerrada a fase da aprendizagem e busca de estilo. Pelos poemas que estão no livro, ainda me parece válido o julgamento de Drummond, em 1947: "um poeta que ainda não chegara a escrever seus próprios poemas".

Apenas nos textos selecionados de *Epigramas* (1958) a poesia de Paes me parece apresentar uma característica que, combinada com outras, redundaria na sua marca mais pessoal. Essa característica é a revivescência do poema-piada, de tão grande voga no Modernismo. Um exemplo:

"A Clausewitz"

O marechal de campo
Sonha um universo
Sem paz nem hemorroidas.

Mas é somente a partir de *Anatomias* (1967) que se afirma a forma mais típica da poesia de José Paulo Paes: o epigrama composto com os recursos da poesia de vanguarda. O exemplo mais conhecido é talvez o "Epitáfio Para um Banqueiro", que traz, uma embaixo da outra, alinhadas pelas letras idênticas, as palavras negócio / ego / ócio / cio. Na última linha, a letra "o" cede lugar ao número zero, apresentando assim ao leitor o suposto resultado da vida do homem rico. Outro poema bem conhecido de sua autoria, que traz essas duas características (a intenção "crítica" ou "participante" e a forma "experimental") é o que se intitula "À Moda da Casa":

feijoada
marmelada

goleada
quartelada.

No geral, os epigramas de José Paulo Paes conciliam os procedimentos da poesia de vanguarda com uma vontade de "crítica social", já presente nos seus livros anteriores. "Empenhada", nesse sentido, sua poesia foi uma espécie de termo médio entre as duas principais forças literárias que disputavam poder acadêmico e projeção na imprensa paulista a partir do começo dos anos 1960.

Com essas características (humor, "empenho social" e procedimento vanguardista) se estende o período mais longo da produção poética de José Paulo Paes, tal como ela comparece nesta antologia.

Apenas em 1992, com a publicação de *Prosas Seguidas de Odes Mínimas*, há uma significativa mudança de tom e de forma: é aqui que aparecem textos mais extensos, mais discursivos, em que a vontade de fazer piada ou manifestar posição política já não dominam todos os momentos do poema. Dos poemas recolhidos, "À Minha Perna Esquerda" foi o que mais decepcionou nesta leitura. Talvez justamente por ter sido muito forte a impressão que me causou quando foi publicado pela primeira vez. Agora, nem comovente me parece, mas apenas mal realizado, mal resolvido mesmo na sua mistura de humor e horror.

Dos livros seguintes, valeu a pena reler "Orfeu", o poema dedicado ao jabuti viúvo inconsolável. Esse e um texto de *Anatomias*, chamado "Epitalâmio".

Terminei essa viagem sentimental com um estranho travo na boca. Não é que José Paulo Paes me parecera, em algum momento, um grande poeta. Mas parecera, seguramente, um poeta maior do que o pequeno trovador que esta leitura, num intervalo de tão poucos anos, acabou por revelar. É comum afirmar que não se pode julgar um poeta a partir de uma antologia. Nem se feita por ele mesmo. Quanto mais se feita por outrem. Mas isso não elimina o descompasso entre a primeira leitura e esta que agora fiz. Nem a impressão final.

Um amigo que é uma boa alma e, de vez em quando, um sábio, me disse, quando comentei com ele essa sensação desagradável, que na maturidade devemos ler moderadamente os poetas dos quais um dia gostamos, e que devemos tentar nos lembrar de como os líamos quando gostávamos deles. Disse ainda que era um bom exercício de vida, embora fosse talvez um mau princípio crítico. Neste caso, o intervalo é curto demais para que eu possa sequer tentar seguir o seu conselho. E a sensação de que é mesmo uma poesia pequena (embora tão simpática, na sua aplicação e esforço, quanto quando a li pela primeira vez) é algo que não consigo afastar do meu horizonte de leitura.

9

Caso Exemplar:
A Poesia de Marcelo Tápia[1]

Li neste final de semana a poesia reunida de Marcelo Tápia. Trata-se de um volume publicado em 2017, intitulado *Refusões*, no qual se recolhem seis livros e alguns poemas esparsos – e ainda, ao final, conforme a moda do tempo, um conjunto de textos críticos sobre o poeta e sua obra.

O volume cobre um arco que vai desde o começo dos anos de 1980 até 2017 e os livros se apresentam à leitura na ordem cronológica inversa, vindo os mais novos antes dos mais antigos. Não é, porém, apenas uma reunião dos livros anteriores. Como se lê na nota de apresentação (que retoma a ideia do título), o autor eliminou algumas peças e interveio em outras, tudo com o objetivo de elevar "a qualidade da coletânea". E é disso que se trata então: de uma coletânea que é também obra reunida, organizada e em alguma medida (que não saberia estimar agora) retrabalhada a partir dos valores do presente.

A poesia de Tápia é marcada, desde o início, pelo diálogo com a poesia concreta e suas decorrências imediatas. Seu primeiro livro, *Primitipo* (1982), traz já no trocadilho do título a indicação da origem: os poemas de Augusto de Campos e de Décio Pignatari centrados na exploração da tipologia. Especialmente aquele tipo de poesia que o primeiro vai praticar

---

1. Publicado em revista *Texto Poético*, 14, 2018.

84 CRISE EM CRISE

a partir do final da década de 1970, na qual a gosto da tipologia ocupa o centro da atenção, seja como elemento sobretudo decorativo (como em "Miragem", 1975; "Inseto", 1977), seja como criação de uma pequena dificuldade de decifração de uma frase plana (por exemplo: "Eco de Ausonius", 1977; "Tudo Está Dito", 1974).

A novidade relativa do volume *Primitipo* são os grafismos de "mim em série", as caligrafias de "intrincado" e "regalhos", bem como um *ready-made* de uma cópia em carbono de um poema que, na transcrição da página oposta, é diferente no corte dos versos – o que faz do carbono uma improvável cópia imperfeita – e o poema "Remins", que vem numa folha datilografada numa máquina e complementado por um *ready-made* final, em que a marca do instrumento tipográfico (a máquina de escrever) é manipulada de modo a criar a palavra Remin, ampliada no título para "Remins".

De resto, esse primeiro livro de poesia parece ser mesmo o que vem escrito sob a gravura que o abre, que é a de um garoto manipulando uma prensa: "Dos Dizeres do Poeta Aprendiz". Porque o que aí se vê não vai muito além de um exercício sobre como assumir a herança. Na verdade, essa gravura à guisa de frontispício, quando se lê a obra até agora, é o ponto inaugural de uma constante: aquilo que se poderia denominar como "poética autoirônica" para não dizer "autodepreciativa", que percorre o conjunto dos livros reunidos nesse volume.

Assim é que o livro seguinte se intitula *O Bagatelista* e se abre com esta apresentação:

resto à vista
bagaço de po'mas:
pechincha
baganas do bardo
sobras de papel
barganha
baga-telista.

Nesse breve poema comparecem os polos de tensão: o bardo – palavra carregada de tradição, termo alto – e as baganas – termo baixo, coloquial, do universo da bagatela e da barganha. E nem mesmo a ambiguidade do verso inicial, que pode referir tanto o troco da barganha quanto o restar do poeta à vista, sob as sobras, diminui o peso da desvalorização, que se materializa na mutilação do objeto desse estranho negócio, aquilo que se anuncia, desde o início, em bagaço.

Essa oscilação entre o desejo alto e a proposta de realização baixa comparece também no livro seguinte, *Rótulo*, em que a epígrafe continua a lição e marca o lugar do aprendiz: "vivendo e aprendendo / nada de novo no *front*". Na sequência, a arte poética se confunde com truques teatrais e é assim descrita:

> compor é tipografar
> criar é duplicar
> comunicar é vender
> – ou dar.

Esse é o registro da autodiminuição. O polo alto, irrealizável, como demonstra esse mesmo livro, tão contido, vem duas páginas à frente, quando o poeta apresenta, como confissão, o desejo de pecar pelo excesso. E mais adiante o sentido poema denominado "Contramão", no qual a escrita é descrita como fuga da realidade e "serviço pessoal de escape / sem mais nada que diga". O ponto alto, ou baixo, dependendo do ângulo, é "Poíesis", em que a execução da obra é sempre delegada a outro artista e se resolve (ou deságua) na "Minha Polução Matinal".

Em *Pedra Volátil*, de 1996, esse tema é glosado em vários momentos. Por exemplo, em "O Meio Como Fim", onde o conselho da prudência e da temperança conduz à recomendação ou proposta de "conter o ímpeto do impulso / [...] sem pressa de volver-se nulo" e à postulação do poeta (numa "arte que se diz rediz desdiz por si mesma") como integrante de um "anônimo mítico".

Em vários poemas desse livro de 1996 glosa-se a antinomia entre originalidade e cópia, verdadeiro e falso, ecoando em vários momentos – nessa oposição – a poética autodepreciativa. Não que o tema apareça sempre de corpo inteiro, mas os seus harmônicos colorem o fundo do quadro contra o qual os textos mais explícitos o convocam e insinuam

– como em "Poética do Transitório" e em "Efeitos". E ainda em "Miniatura" (p. 253), no qual a reflexão sobre a infuncionalidade primeira da miniatura se desdobra na busca da utilidade da poesia – a partir da noção de réplica, modelo e simulacro.

A questão do valor e da utilidade da poesia, que percorre o livro de 1996, ocupa lugar central – desde o título – no seguinte: *Valor de Uso* (2009). E aí, logo no poema que dá nome ao conjunto, na seção 6, intitulada "Miniaturas", reencontramos a questão:

na miniatura, réplica do útil,
a *réplica é o seu próprio uso* [...]

É claro que aqui se ouvem os ecos kantianos da finalidade sem fim. Mas não creio que seja esse o ponto de maior interesse, e sim a questão do uso, ou seja, da destinação.

No oitavo poema da série, lê-se que a verdade está no cumprimento da finalidade e não na origem ou mesmo no uso:

a luz é verdadeira
para sua finalidade
de luzir, venha ela

de onde vier:
da falsa pedra
da falsa fórmula
da falsa estrutura
da falsa ideia

da falsa palavra
luz.

Os poemas dessa seção se organizam sobre a oposição valor de uso/ valor de troca – explicitada didaticamente na reflexão sobre um automóvel Lada, que nada vale, mas tem valor como objeto de uso para o poeta. Assim também no poema de número 4 um relógio autêntico, de marca, e outro falso cumprem a mesma função, isto é, têm o mesmo valor de uso.

CASO EXEMPLAR: A POESIA DE MARCELO TÁPIA

Mas não é apenas essa questão, de alguma forma resolvida, que importa à leitura. E sim outra, menos evidente, mas nem por isso menos atuante, no desenho do volume e na apresentação do lugar do poeta. É que todas as variantes da reflexão sobre a marca, a autenticidade e a réplica implicam, está claro, além da questão do valor, a da originalidade[2].

É certo que, ao identificar a verdade com o cumprimento da finalidade, restaura-se a prioridade do uso. Mas, como se vê no símile da verdade da finalidade da luz, o foco da atenção não é apenas o uso em si mesmo, nem o valor, o efeito ou sua eficácia. O foco está também (e de certo modo principalmente) no que se tenta apagar ou desqualificar: a origem ou o modo de produção do efeito. Porque a luz é verdadeira em sua finalidade, e isso basta; mas o que se ressalta pela repetição dos exemplos é a afirmação do poder criador ou eficiente da falsidade, valor esse, abstrato, que só se sustenta em face de um "verdadeiro", pois a afirmação do falso só existe pela postulação de um verdadeiro, pela contraposição a ele. Isto é: a luz verdadeira produzida pela verdadeira pedra, verdadeira fórmula, verdadeira estrutura, verdadeira ideia – e, por fim, originária da verdadeira palavra "luz". O que traz à tona uma aporia, pois se é possível pensar a verdadeira pedra (preciosa, por exemplo) por oposição à falsa, bem como a verdadeira fórmula por oposição a uma fórmula errada ou falsa, já o mesmo não é possível em relação a uma estrutura, nem a uma ideia (a não ser que seja a palavra tomada como sinônimo de conceito) e muito menos a uma palavra como "luz", que a rigor não está submetida em si mesma ao critério de verdade. O que se tem aqui, se quisermos pela alegoria evitar a aporia, não é uma reflexão sobre a determinação do efeito pela causa ou sobre a coerência entre causa e efeito, uma vez que o que se afirma é que o produto vale por si, independentemente da verdade da origem, desde que cumpra a sua finalidade. O que aqui se tem é uma postulação de que o uso define a verdade da coisa. No caso, da poesia. A negação da necessidade da verdade da origem (pela afirmação da eficácia da "falsidade") significa, portanto, a desqualificação da origem.

---

2. A questão percorre a obra, até o livro mais recente, de 2017, em que é explicitamente retomada no poema "O Quadro do Vaso": "o quadro na parede da minha cozinha / é infinitamente pior que o original / de Van Gogh".

88 CRISE EM CRISE

Reduzida a termos corriqueiros, essa postulação encontra paralelo já no poema "Eu e o Outro", do livro de 1990, em que se processa a paródia do célebre poema de Fernando Pessoa:

o poeta é um tapiador
tapia tão completamente
que chega a tapiar que é dor
a dor que sei lá se sente.

De fato, aqui, com a graça do trocadilho do nome próprio, a diferença em relação ao poema glosado se marca de modo claro: a "dor que deveras sente" – ou seja, a dor até etimologicamente, no advérbio, associada à verdade – é substituída pela dor incerta, cuja existência é desqualificada pela forma extremamente coloquial do "sei lá se sente"[3].

Portanto, numa clave favorável, a insistência no "valor de uso" e na afirmação de que a finalidade é a verdade compõe um quadro de poética objetivista, radicalmente não romântica, que combate a filiação do poder e da verdade da obra à verdade do vivido. Entretanto, a leitura do conjunto da obra permitirá verificar que não vigora essa afirmação de desvinculação do poema e da experiência pessoal – e que, pelo contrário, no último livro vêm para primeiro plano, em termos de qualidade textual e marca de voz autoral, justamente aqueles poemas nos quais a experiência do indivíduo é tematizada e expressamente registrada.

Antes de desenvolver esse ponto, porém, vale a pena continuar a seguir as modulações do que aqui se denominou "poética autodepreciativa", porque, como se vê na própria glosa do poema de Pessoa, essa é a nota dominante, mesmo quando outros temas se insinuam ou se afirmam.

Como elementos de construção de uma poética explícita, essas proposições terminam por compor, na sequência da obra, um quadro rico de contradições. Porque a questão da verdade em vários momentos é

---

3. É certo que com algum esforço se poderia ler o verso final assim: "a dor que eu sei que lá é sentida". Mas esse sentido de leitura arrevesada não se mantém no conjunto da obra, nem no registro muito coloquial predominante em *Rótulo*, onde foi publicado.

CASO EXEMPLAR: A POESIA DE MARCELO TÁPIA

subsumida na da origem e da originalidade, que não se deixa apagar facilmente por meio da afirmação do efeito ou da utilidade. Por exemplo, ainda em "Embuste" (publicado em *Valor de Uso*) reencontramos o tema da réplica e do truque de mágica, agora combinado com a reflexão sobre a originalidade:

adepto do embuste, o escriba
forja no bojo de seu
ato o eco como origem:

o verbo eclode em antiode
coberta de inverdade:
manifesto contra o autêntico,

a escritura do embusteiro
deflagra uma contraordem,
uma ação irmã da ideia
de que o princípio é inauten-

ticidade e nada há
que não seja falsidade
convertida e sorte de
ser.

Quando li esse poema, julguei tratar-se de uma sátira, que faria par com "O que Jamais Serás (a Ti Atiro Jambos)"[4]. Mas terminei por crer que não. Que era apenas mais um poema no qual a poética da autodepreciação irônica encontra atualização.

De fato, ao longo da leitura dos livros o tema do não ter o que dizer, ou por que dizer, junto com os correlatos do tudo-está-dito, ou da poesia como eco ou réplica formam um arco amplo, cujo sentido maior vale a pena apreender[5].

---

4. Publicado em *Expirais*, livro de 2017.
5. São muitas e frequentes as modalizações do tema, como se vê em *Expirais*, nesse poema emblemático, porque dá título à coletânea, *Refusões*: nada serve exatamente a quem procura / por resíduos prontos para o uso do escriba / nem suas próprias criações de outros tempos

CRISE EM CRISE

Entretanto, apesar da importância do tópico – comprovada pela recorrência quase obsessiva – em todo o volume, apenas nuns poucos momentos a negação do dizer ou da expressão ou a afirmação da incapacidade de criação produz tensão real. A exceção à regra, porque foge à glosa da angústia da página em branco ou à pacificação da angústia da influência, é, nesse livro de 2009, o poema "Ausência". A novidade aqui é que o "não ter o que dizer" encontra, ele mesmo, funcionalidade; dá origem a algo que não seja a própria metalinguagem ou alusão cultural, muito menos ao tom filosofante que, em alguns dos já referidos, dilui em conceitos conhecidos as questões teóricas, neutralizando a tensão emocional. Aqui, o resultado é outro. E o poema se deixa ler, por exemplo, como coleta dos restos do dia, prática da livre associação, ou mesmo como descrição dos exercícios budistas de parar o pensamento e deixar emergir as outras palavras, as que não são de fato nossas, nem de ninguém:

não ter o que dizer
me abre para as pequenas
coisas que querem ser
ditas.

Não por acaso, alguns dos poemas em que senti mais densidade, mais força, nesse livro são glosas ou montagens de outros textos: "Nietzsche nie" (p. 181), "Kierkegaard" (p. 182), "sem Comando" (p. 203). É certo que há, nesse livro – como havia em outros –, poemas em que a voz autoral de alguma maneira se afirma: por meio de montagens ou glosas ou por forma própria. "Kadish", por exemplo, sustenta-se por si só, independentemente de qualquer notação de autoria ou referência literária que se lhe pudesse apor.

Adiante voltaremos à questão da voz autoral. Por enquanto, ainda há alguma notação necessária sobre a autodepreciação, irônica ou não.

Por exemplo, veja-se o que – desse ponto de vista – nos diz um poema como este, do último livro, *Expirais* (2017):

DESMANIA

se as musas nos viraram
(há muitíssimo) as

costas

voltamo-nos (há muito), volto-me,
para o lado

oposto:

sem furor, mania, vesânia,
sem sortilégio,
fascínio, magia,
o vate varia desdesvariando,

atrelado ao mínimo,
à imanência dos estímulos
demasiado humanos,
pura indivindade

esquecida do eco
do Poema Divino,
a criação inferior, terrena,
desvestida de encanto,

busca nos interstícios
das falas o verbo
desuman
i
zado,
i
lusão de centelha pr
i
meva

devido ao vício do poeta
menor – factótum urbano –
de promover o falso,
o enganoso

CRISE EM CRISE

> ao verdadeiro alvo
> remitificado
> de sua poesia
> composta de pó ox
> i
> dado.

Esse poema reúne e sintetiza lugares afirmados ao longo dos livros anteriores. Tudo nele se congrega, até mesmo a homenagem à distribuição espacial dominante nos primeiros livros – aqui reduzida à iconicidade básica, pois é infuncional no corpo do poema e só vigora e se justifica como alusão, referência à origem, aos paredros. De fato, aqui está a contraposição entre o vate e o poeta moderno, na sua forma típica, pois, embora negando o desvario que caracteriza a figura antiga, permanece a ligação contrastiva: rebaixado ou despido das qualidades essenciais, ainda assim o poeta é vate. Aqui estão também as musas que abandonaram o herdeiro de Baudelaire (o factótum urbano como metamorfose do trapeiro). E ainda a desumanização da arte e o demasiado humano que evocam conhecidos e emblemáticos livros de filosofia, assim como o poeta menor, contraposto ao dantesco poeta maior de outros tempos. Mas o que de fato chama a atenção é a glosa da poética autodepreciativa que permeia os livros do volume, bem como a retomada do tema da falsidade: o poeta menor não apenas promove o falso a objetivo da poesia, mas ainda essa poesia é composta de pó corroído pela ferrugem.

A combinação do que se apresenta com vestes irônicas como poética e o que funciona como alusão literária traz à vista o que me parece o movimento geral da obra, tematizado em vários momentos (como os já referidos) e, no livro de 2009, claramente definido no poema "assunção do eco" (p. 159), no qual a poética autoirônica assume sua nota mais corrosiva:

> só aspiro ao eco,
> que a voz sempre foi
> alheia.

E já antes, em *Pedra Volátil* (1996), glosando o tópico do verdadeiro e falso, original e imitação, lia-se que o "modelo mítico da nossa era" seria este: "o totem da verdade caído por terra / dá lugar ao frenesi da imitação".

Entretanto, não é a imitação no sentido da emulação que rege a poesia de Tápia. Na verdade, o poeta mesmo declara a renúncia à emulação, esse medir forças, esforço de superar pelo combate a angústia da influência. E o faz ao denominar assim uma parte de *Valor de Uso*: "aquém--emulações, intervenções e além-traduções". E aqui se encontra o desfecho lógico da poética autoirônica e autodepreciativa semeada ao longo dos livros do autor: sempre aquém da emulação – o que quer dizer, portanto, no domínio da glosa sem enfrentamento; no domínio da recriação de outro texto (fonte do eco, dirá em outro poema); ou das intervenções.

É certo que essa é uma parte do livro e que tomar o seu título como o ponto de deságue de uma poética poderia parecer descabido. Entretanto, não é, quando se considera a função do eco, da glosa ou da "tradução" não apenas nas alusões e nos procedimentos textuais, mas também na profusão das referências culturais e literárias no jogo das epígrafes e dedicatórias, isto é, das homenagens.

De fato, pode-se percorrer qualquer livro de Tápia para perceber que a glosa e a alusão são os procedimentos recorrentes – e, mais que recorrentes, estruturais – da sua poesia. E na defesa da cópia, que faz no já referido poema "O Quadro do Vaso", encontra-se uma espécie de defesa da apropriação pelo plágio, forma de realização de uma contemporaneidade radical:

na era da pós-pós-reprodutibilidade
técnica, o plágio é original nos erros próprios,
nas imperfeições grosseiras.

Defesa essa que também inclui, nesse poema, a defesa do "valor de uso", já agora travestido (a partir da glosa do poema de Alberto Caeiro sobre o Tejo e o rio da sua aldeia) de valor de uso e objeto de fixação afetiva. Mas também a defesa da imperfeição (da perda da qualidade em relação ao original) como originalidade própria da contemporaneidade.

Nesse sentido, sua poesia é exemplar: apresenta-se irônica e textualmente, com uma clareza límpida, como representante de uma vertente da poesia brasileira contemporânea que tem na afeição à referência, na alusão literária, na glosa e na exemplificação dos lugares-comuns da modernidade e da teoria literária, na promoção da conversa entre pares uma das pernas sobre as quais se move. A outra perna é justamente aquela dominante na poesia de Tápia: a autoironia, que na clave mais produtiva consiste no oferecer-se no altar do sacrifício da contemporaneidade rebaixada.

Nesse sentido, ainda, talvez se pudesse dizer que essa poesia, que tanto discorre sobre o fazer poético e tanto evoca a memória cultural, não é propriamente reflexiva, mas reflexa. Ou seja, não é solar – no sentido de implantar novos procedimentos que permitam caracterizar uma voz própria que iluminará de luz nova o campo do presente –, e muito menos telúrica – no sentido de afirmar, contra a herança cultural, ou acima, ou à margem dela, os valores do corpo e da experiência irredutível do indivíduo. É antes lunar, girando à volta de um eu que se apresenta quase sempre como degradado, desimportante, e sobre ele fazendo refletir, da forma possível, a luz das grandes estrelas da tradição literária antiga e moderna.

É, portanto, uma poesia que merece atenção pelo que nela existe de representativo de uma vertente da poesia brasileira que nasceu tardiamente das vanguardas de meados do século, conviveu sem muita intimidade com os herdeiros do "desbunde" dos anos de 1970, e – como herdeira – teve de se manter à sombra das duas grandes forças originárias da poesia concreta: o neobarroquismo (ou neoparnasianismo) onívoro de Haroldo de Campos e a fixação resistente na tipografia como antídoto ou justificação (ou disfarce) do retorno ao verso, ou à discursividade.

Mas é mais que isso. No último livro, caminhando ao lado dos procedimentos da glosa e da alusão – isto é, da centralidade da referência cultural como "origem" e razão de ser do poema – um pequeno conjunto de textos afirma (e aqui é notável a contradição com a poética explícita que se veio descrevendo) a voz individual. São poemas nos quais, ao contrário da quase totalidade dos demais, uma voz autoral se faz notar. Contraditoriamente, por meio do abandono dos procedimentos recorrentes nessa poesia, e da própria alusividade da distribuição espacial.

CASO EXEMPLAR: A POESIA DE MARCELO TÁPIA

E é justamente na sequência sobre o quadro de Van Gogh (sobre a dinâmica entre o autoral e o copiado), que surge a questão que parece essencial e subjacente aos melhores poemas do autor, como neste "mortal", do livro de 2017:

como salvar
do perecimento
um nada
leal, inglório?
com um poema
que o evoque,
fora de
foco?

tão imortal
quanto um
fósforo?

Questão essa que, do ponto de vista da ordenação do livro, só vai poder ser respondida depois de a reflexão escapar dos seus Cila e Caríbdis (o pendor prosaico-filosofante, cristalizado em "Epifania da Xícara Torta", e o fantasma concreto ou neoconcreto de (mais uma!) homenagem a Augusto e Haroldo de Campos), em "Fórmula do Mar".

E ali está, finalmente, em mar aberto, o bloco de poemas que me parece o momento mais forte da voz autoral: as "Cenas de Passagem". Trata-se de um conjunto de 22 poemas, todos precisamente datados – e muitos indicando o lugar de composição. Neles se encontram todas as características dos anteriores: a discursividade que namora a prosa, a incorporação de referências culturais, a alusão literária ostensiva. No geral, porém, integradas na dinâmica do poema, funcionais e submetidas à lógica do conjunto textual. De fato, a notação de lugar e data é que predomina na produção do sentido – e é essa notação que permite incorporar na leitura, de modo significativo e não apenas ornamental, o floreio das citações e das alusões. Ou seja, independentemente da autenticidade da notação ou da inacessível e incomprovável (para o leitor) experiência original, aqui o efeito é de verdade, de poemas articulados a partir de um centro de força ao qual se submetem os procedimentos estruturais e os demais elementos da composição.

Para melhor aquilatar a diferença desses 22 poemas em relação aos demais – observemos que o livro traz (como outros) uma seção de notas explicativas, assim apresentada:

> Embora os poemas de *Expirais* contenham diversas referências e citações, optei, neste meu trabalho, por não explicitá-las, assim como aos autores de textos fragmentariamente incorporados (como modificações), excetuando-se a menção a Ibn Gabirol e Lucrécio. O procedimento decorre da convicção do caráter reescritural de toda criação, seja ele assumido pelo processo de integração consciente, seja pelo eco involuntário de obras preexistentes.

Não creio ser preciso aqui retomar a questão da poética do eco. Mas vale a pena registrar que, mesmo afirmando "o caráter reescritural de toda criação", seja necessária essa nota preventiva. Porque ela só faz sentido se houver no horizonte uma possível acusação de plágio, ou se a noção de original, de ponto de partida for realmente mais importante do que parece na reflexão encontrada nos poemas que foram comentados.

Por fim, vale ainda mais a pena observar a segunda nota a esse livro. Ou melhor, a frase que apresenta uma enorme série de referências encontráveis nos poemas. Esta:

> Outras exceções de referência, convenientes ou necessárias à leitura dos poemas.

Entende-se facilmente o "convenientes". Descobrir ou arrolar essas referências era mesmo o trabalho de críticos e professores, agora assumido pelo poeta contemporâneo. Mas o que mais impressiona é a sequência: há referências que são "necessárias à leitura dos poemas". Ou seja: que não contribuem para a leitura, no sentido de acrescentar, mas que são um pré-requisito a essa leitura.

No que diz respeito à anotação das referências, a obra de Tápia tem uma evolução linear. Seu primeiro livro, *Primitipo* (1982), é o único que não traz notas referenciais. O segundo, o *Bagatelista* (1985), traz apenas,

CASO EXEMPLAR: A POESIA DE MARCELO TÁPIA   97

sob a rubrica "Citações", o nome de quatro autores, sem maiores informações sobre o lugar de ocorrência. Já ao final de *Rótulo* (1990), as notas não são profusas, exceto as que explicitam todas as muitas referências de um poema-colagem. É em *Pedra Volátil* (1996) que as notas passam a ser "necessárias", uma vez que trazem não apenas a autoria de frases incorporadas, mas a descrição das referências: a imagem utilizada, a obra escultórica evocada, um programa de TV etc. Em *Valor de Uso* (2009), as notas são precisas quanto às incorporações textuais. E por fim, como se viu, no último livro já há referências não ao que foi incorporado textualmente, mas a um leque amplo de dados que devem informar a leitura.

O avanço das notas referenciais não é privativo da poesia de Tápia. É, na verdade, uma tendência muito presente na poesia contemporânea, especialmente a que nasceu no sistema planetário concretista e nele se criou. É um traço de uma poesia que se vê como vanguarda e que suspeita do substrato cultural do leitor a que se dirige, bem como não supõe ou não espera a intermediação crítica, nos moldes tradicionais. E não deixa de ser notável, no caso da poesia desse autor, que o único livro que não traz nenhuma nota seja o primeiro, totalmente imerso na referência concreta e que, por conta do discurso teórico vigente no âmbito da vanguarda, não precisava de explicitação. Era como um exercício de aplicação, que se escorava – do ponto de vista da complexidade e do leitor previsto – numa prática coletiva.

Nesse sentido, o acréscimo numérico e o aumento de detalhamento das notas sugerem um caminho de afastamento das referências da vanguarda e a busca de um universo cultural pessoal. E, de fato, em certa medida, é o que ocorre, pois muitas delas explicitam aproveitamento de traduções feitas pelo poeta, bem como a sua formação clássica e leituras gregas. Mais do que isso, porém, são índices da dificuldade de prever um leitor real, preparado culturalmente para poder compreender e apreciar aquela poesia que tem na cultura literária explícita um pré-requisito de fruição ou mesmo entendimento[6]. O que, por outro lado, implica uma

---

6. A propósito, para um caso paradigmático, vejam-se as considerações de J. M. Cohen sobre as notas que T. S. Eliot após a *The Waste Land* (J. M. Cohen, *Poesia de Nuestro Tiempo*, p. 201).

98 CRISE EM CRISE

vontade de comunicação. Ou, nos termos do título de um de seus livros, pressupõe que a poesia deva ter um "valor de uso" para o leitor. Valor de uso esse propiciado ou garantido pela informação cultural dispersa ao longo das epígrafes, das citações, das dedicatórias e, por fim, das notas. Mas é evidente que, no universo em que se move a poesia contemporânea – quase desprovida de leitores que sejam estranhos aos círculos produtores –, esses procedimentos tenham também um forte "valor de troca", por assim dizer. Um valor no mercado simbólico, por meio daquilo que, em outro momento e a propósito de outros poetas contemporâneos, descrevi num texto que o editor do jornal intitulou cruamente como "Atestado de Cultura"[7].

É nesse quadro que ressaltam os 22 poemas de viagem: neles, as referências são desnecessárias. Bastam algumas, de domínio comum, como as associadas aos lugares emblemáticos da cultura ocidental que comparecem nas datações, ou as ligadas à origem étnica do poeta, insinuada nos poemas e explicitada na sequência do livro, quando relata a origem do sobrenome.

O contraste entre esse pequeno conjunto de poemas, que praticamente encerra o livro de 2017, e os que constituem o primeiro livro sugere um trajeto – que o próximo livro confirmará ou não: um avançar em direção a uma dicção própria, na qual o descritivismo, a tendência à prosa entrecortada dos versos, o pendor meditativo e os ecos culturais encontram pontos de equilíbrio e balanço a partir daquilo que se poderia descrever com a frase de Berceo que João Cabral usou como epígrafe de O Rio: "quiero que compongamos yo e tú una prosa". E não só pela modéstia de denominar prosa à poesia narrativa, nesse sentido "prosaica", mas principalmente por conta daquilo que Cabral atribuía ao poeta espanhol: um desejo de comunicabilidade, uma escolha de linguagem em função de uma eleição de público[8].

---

7. Paulo Franchetti, "Atestado de Cultura", *Suplemento Literário*, vol. 1, pp. 28-29.
8. Numa entrevista concedida por Cabral a Fabio Freixeiro (e que este reescreveu estranhamente em terceira pessoa), o poeta teria dito: "Berceo escrevia para camponeses e por isso necessitava de linguagem concreta" (Fabio Freixeiro, *Da Razão à Emoção...*, p. 187). Embora ali Cabral mencionasse a *Vida de Santa Oria* – e não *El Duelo de la Virgen* (que forneceu a epígrafe de *O Rio*), compreende-se a escolha do verso do poeta espanhol a partir dessa afirmação que, se não foi exa-

Seja qual for o prosseguimento, o que parece indubitável é o caráter representativo dessa obra em progresso: nela se veem, com coerência e clareza, algumas tendências e tensões da lírica brasileira contemporânea, na vertente de derivação concreta. O que não quer dizer que não haja muitos outros aspectos a considerar, que acabaram por ficar de fora da leitura e talvez em breve possam ser – quem sabe – colocados em perspectiva, contra as linhas gerais de fundo, que aqui tentamos traçar.

tamente nesses termos, bem poderia ter sido, já que a comunicação e o público previsto pela poesia moderna ocuparam a reflexão do poeta ao longo dos anos e especialmente em meados da década de 1950.

II

SOBRE CRÍTICA DE POESIA

10

DRUMMOND
A PEDRA NO MEIO DO CAMINHO[1]

DEPOIS DE SE TER LONGAMENTE ocupado da poesia e da poética de Manuel Bandeira, Davi Arrigucci Jr. dedica-se, neste livro, a outro grande poeta brasileiro. O leitor informado pela leitura de *Humildade, Paixão e Morte – A Poesia de Manuel Bandeira* imediatamente perceberá as semelhanças. Se apreciou aquele, certamente apreciará este, caracterizado pela mesma linguagem corrente; pelo gosto pela paráfrase, que dá valor conceitual às imagens centrais encontradas no objeto poético; pelo rápido trânsito entre a vida e a obra, de modo a iluminar, por vários ângulos e aspectos, uma prática poética em que ambas se entranham e desentranham, em arranjos variados.

Mas se o livro sobre Bandeira se apresentava desde logo como uma leitura ampla, pautada por um desenho temático-biográfico, o título deste (*Coração Partido – Uma Análise da Poesia Reflexiva de Drummond*) parece circunscrever o enfoque a apenas uma parte da obra de Drummond. Entretanto, a leitura revela, logo nas primeiras páginas, que o esforço crítico não é afinal tão diverso, pois o autor se empenha em promover a identidade entre "poesia reflexiva" e "poesia de Drummond", ao mesmo tempo que reafirma em vários níveis a identidade entre poesia e expressão do vivido.

---

1. Resenha do livro de Davi Arrigucci Jr., *Coração Partido – Uma Análise da Poesia Reflexiva de Drummond*, São Paulo, Cosac & Naify, 2002. Texto publicado no jornal *O Estado de S. Paulo*, 30 mar. 2003.

A combinação de escopos diferentes e objetivos semelhantes distingue os dois livros em tom e estilo. O consagrado a Bandeira é um comentário minucioso e inclusivo: busca harmonizar as aproximações anteriores num quadro compreensivo amplo e pretende superá-las pela maior completude e abrangência do desenho da personalidade poética. Já este ensaio sobre Drummond é um texto animado por uma tese exclusiva, por uma argumentação que tem adversários que precisam ser abatidos para que a nova interpretação possa afirmar-se.

O livro se divide em quatro partes: "O Xis do Problema", "Humor e Sentimento", "Dificuldades no Trabalho", "Amor: Teia de Problemas". A primeira consiste na apresentação da tese principal do livro. As demais se articulam como análise de texto: "Poema de Sete Faces"; "*Áporo*"; e "Mineração do Outro".

"O *Xis* do Problema", tal como aparece logo na segunda página:

> [...] é o modo como a reflexão, que espelha na consciência o giro do pensamento refletindo-se a si mesmo, se une ao sentimento e à sua expressão poética, determinando a configuração formal do poema, num mundo muito diferente daquele dos primeiros românticos e da poesia meditativa que inventaram (p. 16).

Se quisermos ir além do truísmo de que o mundo atual é mesmo muito diferente daquele em que se moviam e argumentavam os primeiros românticos, como entender essa passagem, que o autor nos apresenta como fundamental para a compreensão do foco do seu livro?

Esse pensamento que gira e se reflete a si mesmo pode ser dignificado como eco da *Lógica* de Hegel. E é possível talvez manter a baliza hegeliana quando esse autorreflexo do pensamento, por sua vez, é "espelhado" na "consciência". Mas ao constatar que o agente desse espelhamento de segundo grau é a "reflexão", talvez a melhor saída seja imaginar que o uso aqui já é o do senso comum, como em "refletir sobre a vida".

Na sequência, o agente (ou o produto?) desse duplo espelhamento, a "reflexão", une-se ao "sentimento" indeterminado e à "expressão poética" desse mesmo sentimento (ou da "reflexão", pois o enredo e a sintaxe permitem ambiguidade) para produzir a "configuração formal do poema".

Desse conjunto de asserções resulta que há duas instâncias distintas: a "expressão poética" e a "configuração formal do poema", sendo esta última um produto de alguns fatores, entre os quais se inclui a "expressão poética".

A leitura não esclarece em que consistiria o caráter poético de uma "expressão" anterior à "configuração formal", ou de que maneira a "expressão" determinaria a "configuração", nem porque só à "configuração" se aplica o adjetivo "formal". A impressão é que se trata menos de uma precisa formulação teórica, do que de rearranjo de lugares-comuns românticos, de extração variada, que têm como denominador a defesa da poesia como "expressão". Impressão essa que se reforça pela recorrência, ao longo de todo o livro, de asserções gerais de forte sabor romântico.

Perto do fecho do volume, por exemplo, Arrigucci transcreve e apoia uma frase de Carpeaux, segundo a qual Drummond teria dado "expressão individual ao que havia de mais fundo na alma coletiva do povo brasileiro" (p. 103). Sua ressalva é apenas que essa captação da alma coletiva não se restringiria, como pensava Carpeaux, à fase da sua "poesia social". Em outro ponto, lê-se que "concentrado sobre si mesmo, sobre seu próprio coração, Drummond, sempre meditativo, se esforça por dizer o difícil, repto da grande poesia, que depende da fidelidade à busca e a si mesmo" (p. 41). Em vários momentos, postula-se que "a fidelidade a si mesmo é um traço fundamental de Drummond" (p. 21). Em outros passos, de forma coerente, afirma-se que "a lírica é a linguagem que dá expressão aos momentos mais densos e importantes da existência" (p. 104), e que a obra poética "não se reduz ao documento histórico, embora também o seja; ela é, antes, como historiografia inconsciente, o registro atual do que se passou na interioridade de um homem durante seu tempo vivido e ganhou expressão correspondente" (p. 103). Além disso, por toda parte termos como "coração", "sentimento", "alma" reaparecem insistentemente, sem aspas nem distanciamento, de modo a garantir a unidade de registro de base.

Resulta daí que este livro pareça concebido para ser a explicitação da matriz romântica do pensamento do seu autor. Desse ponto de vista, as passagens mais notáveis são a límpida postulação da existência de um *Volksgeist*, transcrita acima, e as sentenças construídas sobre os grandes vocábulos oitocentistas, como esta:

> [...] o infinito do sentimento é um acidente do coração, existe em potência como um querer que não se preenche de todo, mas busca a vastidão, como um movimento contrário de sua própria privação, oco do querer sem jeito onde reside seu não-poder (p. 41).

O ponto alto desse neorromantismo é a passagem na qual o crítico convoca Schiller, na tradução de Márcio Suzuki, para aproveitar a dicotomia ingênuo/sentimental. Nessa atualização, os polos modernos são Drummond e Bandeira. E lemos:

> [...] o modo de criar de Bandeira se revela afim àquele que caracteriza o poeta "ingênuo" de Schiller. [...] Identificando-se com a simplicidade humilde, que toma por um valor de base, sua poesia flui espontaneamente seguindo a natureza, fonte escondida, latente sob o chão mais despojado (p. 55).

O método do livro é basicamente o mesmo de *Humildade, Paixão e Morte*, porém aqui ganha mais peso a estratégia da paráfrase quase literal. Como neste trecho:

> E só através daquela estrada de Minas, pedregosa, que conduz à "máquina do mundo" e ao enigma – estrada imaginária que a mente desenha –, se pode buscar a unidade de estrutura da obra como um todo, cujos traços de coerência profunda vão apontando mesmo nos poemas breves, de corte humorístico, do início (p. 15).

Nessa frase, as aspas recobrem apenas o ponto central, embora outras expressões sejam extratos drummondianos. Seria ocioso transcrever outros exemplos.

O risco dessa aposta na sedução da paráfrase é a indiferenciação dos discursos. Como os conceitos são fluidos também nas partes em que a paráfrase não é dominante, ocorre em vários passos que o texto acabe por ser uma mescla de registros, um pastiche: nem discurso crítico, que traduza a poesia para outro vocabulário; nem transfiguração da crítica em poesia de qualidade. Assim, crítica e poesia saem perdendo: a poesia resultante do texto crítico, porque é naturalmente frouxa, sem resistência nem estranhamento, e só produz o *dejà vu*, seja em relação ao objeto, seja em relação à teoria; a crítica resultante da incorporação da poesia, porque fica sem nervo, ao entregar-se inteiramente ao objeto, relegada a combinação conveniente dos estilemas e das figuras que vai glosando.

Por isso, o maior interesse desse livro reside na sua polêmica tese central: a de que a obra de Drummond não pode ser descrita como terá sido até hoje. No entendimento do autor,

> [...] entre a irreverência modernista da primeira hora, com a linguagem mesclada da dicção coloquial-irônica, e a densidade reflexiva posterior, quase sempre em tom elevado e classicizante, parece haver uma notável diferença de estilo e do modo de representar a realidade [...] na verdade, porém, as coisas não são bem assim, e essa oposição radical nunca existiu. Assim como nunca aconteceu, em termos dilemáticos, aquela opção, inventada depois pela crítica, entre um pretenso formalismo e a participação social (p. 18).

Não está claro se o ponto da polêmica é que não há oposição estilística, se essa oposição estilística é apenas aparente, ou se ela é desprezível em si mesma. De qualquer forma, o adversário maior do ensaio é a postulação de que a obra de Drummond se divida em fases. Arrigucci a desqualifica pela afirmação de um "sentimento do mundo", que seria o mesmo e subjacente aos dois momentos, garantindo, assim, a sua unidade básica. Para ele, o que importa de fato é o

> [...] modo de ser real dessa poesia, que desde o começo trouxe em si mesma o fermento de superação dos problemas que jamais deixou de incorporar, absorvendo nas camadas profundas a experiência histórica, que não se confunde necessariamente com os eventos de fora (p. 18).

O raciocínio não teme a tautologia: há um modo de ser real da poesia de Drummond, que é una, coerente e dialética, porque a poesia de Drummond é grande poesia e toda grande poesia é fiel à busca de si mesmo e, como tal, consiste na revelação da marca do sentimento do mundo; logo, os outros modos atribuídos a essa poesia pela má crítica não são reais, pois, sem apreender ou aceitar o real modo de ser, a má crítica "inventa" ou se engana; a boa crítica, portanto, é a que revela ou busca revelar esse modo de ser real por meio da análise e do comentário dos poemas em que o modo real se manifesta.

O caráter combativo do ensaio se afirma numa de suas frases iniciais, já transcrita, que também circunscreve o interesse crítico: "só através daquela estrada de Minas, pedregosa etc." Mas a pergunta que se apresentará a muitos leitores familiarizados com a fortuna crítica de Drummond é: uma vez definido um limite tão estreito como esse, como fugir ao destino inevitável dessa estrada? Ou ainda: por que razão seria preciso operar, em nome da "unidade de estrutura", tal limitação da perspectiva crítica e, no limite, do interesse da obra de Drummond?

Se uma dessas perguntas for formulada durante a leitura da primeira página, ficará sem resposta ao longo das demais, pois as análises apenas reforçarão os pressupostos ideológicos da hipótese crítica, ao fazer, por meio do mecanismo da paráfrase, que escolhidos versos e poemas, digam o mesmo (ou pouco menos) que a primeira postulação interpretativa.

Por não responder a perguntas como essas, nem no nível teórico, nem com o rendimento das análises, este livro terá por certo dificuldade de se afirmar como trabalho de especial interesse, entre tantos já publicados sobre a poesia de Drummond. Consequentemente, não poderá desincumbir-se da tarefa que o seu autor lhe atribui, logo na página 19, que é a de ser uma contribuição para que Drummond venha a ocupar "o lugar que lhe cabe no panorama internacional da poesia moderna".

11

Cassiano Ricardo Ainda Espera uma Releitura[1]

MENINOS, POETAS & HERÓIS – *Aspectos de Cassiano Ricardo do Modernismo ao Estado Novo*, de Luiza Franco Moreira, enfoca a obra de um poeta a que a crítica recente tem dado pouca atenção. No prefácio do livro, Antonio Candido chama a atenção justamente para esse ponto, destacando a escolha do assunto.

O livro se desdobra sobre três conjuntos textuais: o poema *Martim Cererê*, de 1928; o ensaio *Marcha para Oeste*, de 1940; e artigos de Cassiano Ricardo, publicados no jornal *A Manhã*, dirigido pelo poeta de 1941 a 1945. Seu objetivo, que fundamenta a escolha desses textos, explicita-se na página 29: "reconstruir e criticar a dimensão ideológica do poema modernista de maneira abrangente". Ou, como diz mais adiante, reconstituir "a coerência notável entre a obra do poeta, o trabalho do ensaísta e o do jornalista" e "o papel decisivo – e também inaceitável – que este escritor desempenhou na vida cultural brasileira dos anos Vargas" (p. 33).

O livro de Luiza Moreira tem assim uma tese clara: para ela, não há dúvida de que o Cassiano de *Marcha para Oeste* já estava dentro do

---

1. Resenha de *Meninos, Poetas & Heróis – Aspectos de Cassiano Ricardo do Modernismo ao Estado Novo*, de Luiza Franco Moreira (Edusp, 2001). Publicada no jornal *O Estado de S. Paulo*, 7.4.2001.

Cassiano de *Martim Cererê* e que, portanto, este não foi mudado naquele por efeito de algum caso incidente. O subtítulo do volume dessa maneira ganha força: o "inaceitável", o "intolerável" ideólogo estado-novista e o poeta de 1928 não são diferentes, nem contraditórios, mas aspectos de uma totalidade harmônica.

Um mérito do trabalho de Luiza Moreira é reconhecer a força poética do livro de Cassiano Ricardo. É certo que crê tratar-se de escritor de dimensões medianas ("escreveu versos que estão na média do trabalho produzido pelos modernistas nos anos vinte") e indefensável do ponto de vista ideológico ("o escritor de convicções autoritárias e bem-sucedido da primeira metade dos anos 1940 parece mesmo merecer o silêncio"). Mas isso não a impede de atestar que *Martim Cererê* tem "uma capacidade duradoura de criar o seu próprio contexto", nem de identificar nessa capacidade uma força perigosa: "uma leitura de *Martim Cererê* reativa, inevitavelmente, esta ideologia, e sempre corre o risco de reproduzi-la" (p. 168). Daí que o escopo último do ensaio, no que diz respeito ao poema, tenha sido proceder a uma espécie de exorcismo do seu caráter ideológico:

[...] foi necessário esse percurso através da ideologia que este texto pôs em circulação e o exame direto de suas repercussões desastrosas para desarmar o que ele guarda até hoje de ameaçador. Como resultado desta discussão, agora é possível encarar *Martim Cererê* como um poema, sem buscar distingui-lo de seu tema ou de seu passado. Podemos apreciar, enfim, os acertos literários deste poema modernista e admitir, também, o que faz o encanto deste texto ingênuo, exuberante e derramado (p. 171).

Mas de que maneira se processa esse esconjuro? Pela análise do texto do poema, separando os seus "acertos literários" dos seus problemas? Identificando na ordenação das peças que o compõem e no interior de cada uma as questões que interessam à identificação do poder persuasivo e do caráter da ideologia presente na obra? Infelizmente, não.

A análise textual é o ponto mais fraco do livro, a começar pela terminologia pouco rigorosa. O conceito principal utilizado nos comentários, o de "falante do poema", responde por boa parte dos problemas de leitura e interpretação. Por exemplo, na página 52, lê-se:

CASSIANO RICARDO AINDA ESPERA UMA RELEITURA

Vários poemas do livro chamam atenção para o falante através do uso da primeira pessoa. Vamos considerar três deles, que servem para ilustrar todos os seus aspectos: uma figura para a nação em "Brasil-Menino", o falante aparece diretamente como o poeta em "Meus Oito Anos" (1928, pp. 32-33), enquanto em "A Minha Xícara de Café" (1928, pp. 88-90) ele se mostra como o "eu" poético sem marcas da convenção lírica" [*sic*].

Pouco adiante, lê-se:

Ocasionalmente, este falante toma forma clara até em poemas compostos inteiramente em terceira pessoa; [e ainda]: "O tom profético da voz em primeira pessoa sugere que aqui o falante aparece principalmente como o poeta".

Por fim, na página 60, lê-se que "o recurso ao falante mais uma vez abre caminho para que o poema se dirija ao leitor como adulto".

A contraparte do "falante" – o leitor previsto – não é mais bem descrita. Para dar um só exemplo, ele é, na mesma passagem, um "adulto imaturo, disposto a ser persuadido por um interlocutor infantilizado" e um "adulto de poder e privilégio" (p. 51). Dialética essa que se resolve na síntese da página 64: "Se *Martim Cererê* quer apresentar seu projeto nacionalista de maneira convincente, necessita do leitor infantilizado mas adulto que sua retórica evoca".

Trabalhando nesse nível de abstração, o ensaio de Luiza Moreira acaba por não apresentar ao leitor senão o comentário superficial de uns poucos poemas. Isso enfraquece a sua reivindicação principal, que é a de que seus julgamentos ideológicos se respaldam em análises textuais. Também a enfraquece a pouca atenção que dá à história do livro, transitando de forma pouco prudente entre várias edições. Ora, *Martim Cererê* foi uma obra incessantemente trabalhada durante toda a vida do poeta. A ponto de a primeira e a 12ª edição (a de 1972, última em vida) apresentarem em comum, sem alterações de grande monta, apenas seis poemas. Não é possível, portanto, falar desse livro como se fosse um texto estático, nem tratar das suas partes sem uma cuidadosa identificação da edição, pois além do texto diferente há que considerar a diferente posição sequencial, que implica diferença de sentido. Por fim, é difícil compreender por que a autora, interessada basicamente na ideologia de Ricardo, desprezou a consideração atenta das mudanças que o poeta foi efetuando no texto das várias edições. Principalmente as modificações que introduziu nas 6.ª e 7.ª edições, publicadas em 1938 e 1944 (logo antes e pouco depois, portanto, da *Marcha para Oeste;* e contemporânea, a 7.ª, da sua atividade como diretor de *A Manhã).*

A autora preferiu, porém, outro caminho: mostrar como Cassiano Ricardo, doze anos depois de publicar *Martim Cererê,* o promoveu publicitariamente e o reescreveu em prosa. A perspectiva não é talvez a de maior relevância literária, mas poderia resultar num ensaio interessante, não fosse a fragilidade geral da primeira parte e o pequeno rendimento das análises textuais das duas últimas. Por conta desses problemas, o saldo da leitura não é grande: como trabalho de análise histórica e sociológica, o livro de Luiza Franco Moreira não avança em relação à bibliografia em que se apoia; como trabalho de crítica literária, pouco revela sobre eficácia poética ou argumentativa dos textos de Cassiano Ricardo e quase nada tem a dizer sobre *Martim Cererê,* seja quanto à sua estrutura, força simbólica e situação na poesia brasileira do seu tempo, seja quanto à história da sua escrita, publicação e recepção pelo público e pela crítica.

12

LITERATURA LITERÁRIA[1]

INÚTIL POESIA, de Leyla Perrone-Moisés, traz uma combinação de virtudes. A boa cultura acadêmica, a preocupação formativa própria do docente universitário, a vontade de informar e aliciar o leitor – tudo isso se combina, em medida vária, nos 41 textos breves, escritos para jornais ou apresentados em congressos, e que enfocam, numa linguagem acessível e elegante, problemas, temas e autores muito variados.

O leitor não especializado lerá com proveito seus comentários agudos sobre a vida, a obra e a história crítica de vários escritores. O especialista tampouco se decepcionará. Uns e outros lerão com igual prazer, por exemplo, os artigos sobre Balzac, Lautréamont e Cesário Verde, e ainda os dedicados a Genet/Fassbinder, Guimarães Rosa e Francis Ponge.

No ensaio que dá nome ao volume, a autora trata do sentido geral da poesia de Mallarmé a partir de uma experiência de aula, na qual seus alunos reagiram mal ao poema *Um Lance de Dados*. Esse ensaio traz um dos motes do livro: a proposição e defesa do valor crítico da grande obra literária como atividade gratuita e questionadora da corrupção da linguagem utilitária do dia a dia e das "relações humanas" que por ela se

---

1. Resenha do livro de Leyla Perrone-Moisés, *Inútil Poesia*, São Paulo, Companhia das Letras. Texto publicado na página *Livros*, no jornal *Correio Popular*, em 17.12.2000.

expressam. A segunda parte dessa atividade crítica é a que recebe a maior atenção da autora, ao longo do livro, e é assim formulada, num ensaio sobre Antonio Candido: "A Obra Literária É Sempre uma Leitura Crítica do Real".

Uma proposição tão geral não faz muito sentido. Ou melhor, só faz sentido como receita ou como expressão de desejo: quem a escreve quer dizer que prefere as obras que sejam assim, ou que gostaria que todas as obras fossem assim. Quando tal frase ocorre num contexto crítico, significa também uma proposição de trabalho: quem a escreve julga que é importante descobrir, em cada obra, o que nela existe de crítica, de contraposição à "realidade". No caso de Perrone-Moisés, creio que também significa que o seu pensamento está buscando agora uma síntese entre o olhar orientado pelo estruturalismo francês (e seus desdobramentos desconstrutivistas) e a perspectiva sociológica, que enfatiza o valor pragmático da literatura.

Ora, ao admitir um "real" independente da linguagem, a crítica permite-se interpretações e julgamentos de valor baseados na adequação vida/obra ou outra encarnação do velho contraponto texto/contexto. E ao pensar "*a*" literatura como "crítica do real", além de postular uma essência literária a-histórica, ainda a reduz a uma fórmula de valor estritamente moderno. Daí a ler o passado como equivalência ou prefiguração do presente, é um passo. Não são muitos, felizmente, os tropeços: no ensaio sobre Pessanha, passa-se da sua vida à sua obra sem mediações, numa espécie de psicanálise selvagem; no ensaio sobre Cesário Verde, Perrone-Moisés julga "artificiais" os seus primeiros poemas porque as mulheres que retrata não existiriam em Lisboa. Quanto ao anacronismo, não me parece pertinente ver Bouvard e Pécuchet como "antropófagos", à maneira de Oswald de Andrade; nem Balzac como "profético" quanto ao nosso tempo, inclusive quanto à estrutura hipertextual da sua *Comédia Humana*; ou ainda ler o abandono da literatura por Rimbaud como intuição precoce do "suicídio da arte", "previsto no próprio programa da modernidade".

O outro mote do livro é a defesa de certo cânone. Não é apenas nos artigos finais, de escopo teórico, que a autora se insurge contra as modernas modas críticas e a incultura produzida pelos estudos culturais. Seu cânone é o do alto Modernismo e ela se bate por ele a cada passo. Por exemplo, escrevendo sobre Raul de Leôni, adverte que o reconhecimento do valor da sua poesia não deve pôr em questão "as conquistas imediatamente posteriores das vanguardas, definitivas e de consequências infinitamente maiores para a poesia brasileira de nosso século". Complementarmente, ao estudar Cesário, escreve que, "se o que caracteriza a poesia da modernidade são as categorias negativas (Friedrich), o antagonismo à sociedade (Adorno) ou mesmo a associalidade (Barthes), Cesário seria uma embaraçosa exceção". Ou seja, aceitando os pressupostos da narrativa e da escala de valores canônica, esforça-se para impedir que o reconhecimento do valor da obra não canônica os enfraqueça. Ao mesmo tempo, afirma sua liberdade, ao impedir que o seu movimento de combate pelo cânone sufoque a possibilidade de ver qualidades no que lhe é externo ou mesmo hostil.

No exercício dessa particular liberdade de leitora pautada pelo cânone reside o seu ideal de literatura. O que é o mesmo que dizer que é a fixação dos limites que define a real liberdade e a diferencia da anomia e da anarquia. É sobre esse ponto que também se ergue a sua postulação da utilidade social da "literatura literária" [sic] e da sua necessária contraparte, a leitura balizada por uma tábua de valores compartilhados pela comunidade das pessoas cultas. "A escrita e a leitura literárias são exercícios de liberdade", escreve a autora. Mas não nos devemos enganar pelo apelo romântico da palavra e por certa nostalgia que percorre o volume. A última razão do livro é um argumento humanista de sabor pré--romântico, iluminista: "a literatura deve ser ensinada porque atua como organizadora da mente e refinadora da sensibilidade, como oferta de valores num mundo onde eles se apresentam flutuantes" (p. 351). Talvez esse irredutível humanismo ilustrado, sem carregar muito nas tintas dos bons velhos tempos, seja a melhor forma possível da difícil convivência da visada realista/sociológica com as modernas perspectivas formalistas. E talvez também seja ele o responsável pela grande simpatia com que esse livro está sendo acolhido tanto pelos mais velhos, quanto pelos mais jovens dos seus leitores.

13

LEMINSKI REVISITADO[1]

SE ESTIVESSE VIVO, Leminski teria completado, em agosto, sessenta anos de idade. É esse o motivo explícito da publicação de *A Linha que Nunca Termina – Pensando Paulo Leminski*, volume de homenagem que contém artigos e depoimentos sobre o autor de *Catatau*, bem como poemas a ele dedicados.

Composto de 44 textos, um para cada ano de vida do poeta, o volume reúne 43 colaboradores, a maior parte na casa dos trinta e dos quarenta anos de idade. Na apresentação, afirma-se que foram convidadas pessoas que "estavam, de algum modo, ligadas à obra do autor". Mas o recorte deve ser outro, porque não comparecem no livro alguns nomes fundamentais, como, por exemplo, Régis Bonvicino e Leila Perrone-Moisés, largamente referidos ao longo dos textos. Tampouco comparecem, para só mencionar alguns nomes, Wilson Bueno, Bóris Schnaiderman, Décio Pignatari, Regina Silveira, Josely Vianna Baptista, Silvio Back, pessoas que, ligadas de uma forma ou outra à vida e à obra de Leminski, certamente enriqueceriam o volume do ponto de vista da crítica ou do depoimento.

---

1. Resenha de *A Linha que Nunca Termina – Pensando Paulo Leminski*. Texto publicado na *Folha de S. Paulo*, 5.9.2004.

Seja pelo recorte dos colaboradores, seja por qualquer outra limitação, o certo é que o seu objetivo segundo os organizadores – "lançar uma nova visão crítica sobre a trajetória artística de Leminski" – não se cumpre.

Do ponto de vista crítico, dois dos bons momentos do livro não nasceram dessa vontade de homenagem, pois foram recolhidos de publicações anteriores: um breve texto de Frederico Barbosa, de 1990, e um de Antônio Risério, de 1989. Outros momentos em que a leitura se faz com prazer se devem a Carlos Ávila, Delmo Montenegro, Ricardo Silvestrin e Reynaldo Damazio. Nos demais, o leitor apenas se vai deparar com uma série de textos anódinos ou francamente ruins, alguns comoventes, outros comovidos, mas nenhum de fato significativo para a fortuna crítica de Leminski.

Nos depoimentos, destacam-se pelo menos dois textos: o assinado por Neuza Pinheiro, limpo e comovente na sua simplicidade desarmada; e o de Nelson de Oliveira, inventivo, elegante, o único convincente na reivindicação explícita da herança e da filiação leminskiana.

Nos poemas, não há praticamente destaques. Exceto, talvez, pela assinatura, o poema que Haroldo de Campos incluiu em *Crisantempo*. Nos demais, o estilo de Leminski aparece quase sempre ostensivamente glosado, sem sustos nem novidade.

Embora a glosa seja responsável pela palidez das homenagens poéticas, quando percorri pela segunda vez os ensaios cheguei a lamentar que ela não se estendesse ao discurso ensaístico ou analítico dos que o têm por guia e ideal. Porque a larga maioria dos artigos reunidos por Dick e Calixto neste volume não parece modelar-se ou inspirar-se na vivacidade nervosa e onívora da prosa de Leminski. Pelo contrário, a começar pelos dois longos textos do próprio Dick, a matriz da maioria dos ensaios é justamente o que eles mesmos proclamam como o antípoda e adversário contumaz do mestre: o discurso acadêmico.

Talvez porque o objetivo seja uma espécie de "fazer justiça", a incorporação do estilo acadêmico e sua aplicação na forma de homenagem produz apenas uma paródia involuntária e algo tosca do discurso universitário, que se exibe no livro centrada em dois pólos de tensão: de um lado, o traço grosso do contextualismo historicista; de outro, o estilo tortuoso, "ensaístico", cuja fonte me parece remotamente benjaminiana.

A modulação entre esses extremos produz uma gama variada de trabalhos desinteressantes, da ecolalia de curto fôlego assinada por Cláudio Daniel aos vários trabalhos estilo fim-de-curso, dentre os quais se destaca, modelar, a primeira parte do assinado por Ademir Assunção.

Mas se a leitura é, em geral, tediosa, há por certo um ponto ao menos de interesse na frequentação do livro: o seu caráter de exemplo do ponto baixo em que se situa a média do discurso crítico brasileiro. Especialmente o praticado por escritores. Recusado, ao menos no nível do slogan, o "acadêmico", recusado também o exercício da crítica como atividade valorativa, nada resta senão patinar no já conhecido.

Nesse sentido, o livro corresponde a um movimento forte da crítica brasileira contemporânea: a substituição da reflexão consequente e da avaliação crítica pela simples ocupação do espaço na mídia ou na estante da livraria. Assim, tanto faz se o texto é anódino, simplesmente vago, ou se ainda tropeça nos conceitos como na sintaxe: uma vez demitido o julgamento ou a consideração efetivamente crítica, a ocupação do espaço público é o único ato que de fato importa.

Da leitura, entretanto, é possível concluir algo de interesse para a história da recepção de Leminski. Primeiro, que a sua prosa começa a receber mais atenção ou a ser mais louvada do que a sua poesia. Segundo, que segue firme a interpretação do sentido maior da sua obra como uma via de compromisso entre a fabricação objetiva do poema, sua apresentação como puro objeto verbal, e o apelo à vida como poesia e à poesia como vida. Uma espécie de terceira baliza, entre o construtivismo concretista e o confessionalismo da "poesia marginal".

Mas a transição do foco de interesse da poesia para a prosa não se faz, ao longo do volume, por meio da análise dos limites atuais da poesia de Leminski. Tampouco se faz com novas abordagens críticas que permitam compreender, além das reafirmações da filiação joyceana e do radical experimentalismo, o que hoje, nessa prosa, atrai mais o leitor. Faz-se, isso sim, da mesma forma que o livro: ao sabor de eleições de gosto e de uso, como na moda. E o que parece estar entrando agora na moda, a julgar por esta homenagem, é a louvação do caráter vanguardista da prosa, e não mais da poesia, de Paulo Leminski.

14

Crise de Verso[1]

Marcos siscar publicou há pouco, na revista *Inimigo Rumor*, um poema intitulado "Siesta".

É o seguinte:

Gosto de meu lençol ensolarado
O joelho nu da minha amada roça nos pelos da tíbia Se aloja
macio no meu peito Seu braço faz um nó na cabeleira preta
e reaparece do outro lado do travesseiro Confusa mensagem de boas-vindas
Meu filho dormiu no recôncavo da nossa cama e Agora
assume planaltos laterais inventando As mais
difíceis posições Às vezes parece que ressona o Rosto
na fronha afundado na tarde vazia de sonhos de um vasto domingo
Enquanto isso estirado no deserto das minhas cogitações
Não respondo pela crise de verso nem pelas pequenas coisas
da vida Sou um lagarto um escorpião
O aventureiro que abrir a porta fique sabendo que ataco.

Uma pergunta que me ocorreu assim que terminei de ler foi esta: o que veio fazer a "crise de verso" na cama do poeta? Então está ali o sujeito

---

1. Texto publicado em *Estudos Linguísticos*, 38, 2009.

devaneando, contemplando a cena familiar, com a mulher e o filho, na modorra do domingo, e as suas cogitações o levam à crise de verso?

Não importa especular sobre o imaginado aventureiro que viesse abrir a porta, expondo-se assim ao ataque do poeta travestido em réptil ou inseto. Mas cabe perguntar: nesse momento, o que esse estranho poderia trazer de fora, que já não estivesse dentro, a partir da denegação que antecede o fecho? Porque é sem dúvida de denegação que se trata, já que a crise do verso surge do nada para grudar-se nas "pequenas coisas da vida" – pelas quais o poeta diz não responder, mas que se confessa disposto a defender por instinto, como se fosse um representante dos níveis menos evoluídos da escala animal.

A invocação da "crise de verso", assim, desencadeia a crise de nervos que se ensaia nos versos finais do poema. Donde podemos concluir que a crise de verso ou do verso termina por contaminar de modo irreversível – mesmo que em clave irônica – o *après-midi* domingueiro do fauno *paterfamilias*.

Sendo assim, uma vez chamada pelo nome que lhe deu Mallarmé, num texto célebre, a crise nos obriga a interpelar o poema pelo verso, ou seja, a interpelar o verso, tal como ele aparece nesse poema.

Primeiro perguntando: é esse um texto em verso? Segundo, se a resposta a essa questão for positiva, perguntando: o que é o verso nesse texto?

Quanto à primeira pergunta, parece que a resposta deva ser "sim, é um texto em verso". Ao menos é isso que indica, na nossa tradição, a disposição da linha, que sistematicamente não chega até a margem direita.

Mas o que torna cada uma dessas linhas um verso? Elas se interrompem segundo algum princípio?

Já entramos, portanto, no campo da segunda pergunta. Que se formula contra as definições anteriores.

Na versificação antiga, o verso se definia basicamente pela medida – isto é, o metro. No "verso livre" do final do xix e começo do xx, o metro como fator de definição do verso cedia o lugar ao ritmo da respiração ou da sintaxe, à valorização da rima, ao jogo dos pequenos

CRISE DE VERSO

suspenses do *rejet*. E também ao gosto da frustração das expectativas tradicionais, pois um dos sentidos – talvez não o menos importante – da versificação livre era mostrar que era livre – ou seja, o verso livre era também um gesto: um testemunho e uma afirmação da modernidade modernista.

Mas aqui, nesta "Siesta", o que determina a divisão das linhas? Não é, por certo, a conclusão da frase ou do pensamento, nem as pausas exigidas ou permitidas pela sintaxe. Pelo contrário, se atentarmos para o uso das maiúsculas, perceberemos que elas parecem marcar o início de um período. Por isso mesmo, sublinham visualmente que a linha não coincide com a frase, que o recorte da linha não corresponde a uma pausa da elocução, nem a um recorte sintático qualquer. As maiúsculas nas palavras finais das linhas 5 e 7 parecem estar aí, na verdade, apenas para demonstrar cabalmente que a extensão é arbitrária, do ponto de vista da marcação do ritmo da frase.

Nesse poema, portanto, a quebra que define os versos não se justifica pela medida, nem pela necessidade de rima, nem pelo desenho de respiração. Tampouco se justifica como contestação ou frustração de expectativas – pois o verso contemporâneo abusa do *rejet* e da quebra aleatória da linha. Ou seja: esse verso é mais propriamente uma estratégia de conformidade, de preenchimento de expectativas.

Se essa última afirmação fizer sentido, então valerá a pena fazer o caminho inverso. Isto é, frustrar a expectativa do tempo, quanto à coincidência ou não do final da linha com a pausa sintática, por meio da redistribuição das palavras do poema. Vejamos o que aconteceria se o começo de cada linha coincidisse com as letras maiúsculas que assinalam o início de um período sintático:

Gosto de meu lençol ensolarado
O joelho nu da minha amada roça nos pelos da tíbia
Se aloja macio no meu peito
Seu braço faz um nó na cabeleira preta e reaparece do outro lado do travesseiro
Confusa mensagem de boas-vindas
Meu filho dormiu no recôncavo da nossa cama e

> Agora assume planaltos laterais inventando
> As mais difíceis posições
> *Às vezes parece que ressona o*
> Rosto na fronha afundado na tarde vazia de sonhos de um vasto domingo
> Enquanto isso estirado no deserto das minhas cogitações
> Não respondo pela crise de verso nem pelas pequenas coisas da vida
> Sou um lagarto um escorpião
> O aventureiro que abrir a porta fique sabendo que ataco

Com exceção das duas linhas assinaladas em itálico, todas as outras se deixam ler, sem esforço nem surpresa, como verso livre de extração modernista.

Desse breve exercício de leitura e reescrita resulta que, no poema tal como foi publicado na revista, a crise não é apenas referida, mas sim encenada. Em ponto pequeno, na distribuição das linhas e das frases. Em ponto grande, na negação dupla, que pode ser assim resolvida: o poeta de fato responde pela "crise de verso" e "pelas pequenas coisas da vida", na medida em que responde à crise *com versos* e apresenta as pequenas coisas *em versos*.

A "crise de verso" ou "crise do verso" é, assim, na verdade, o centro de tensão desse poema. É isso que torna aqui efetivo e funcional o *verso em crise* que ele exibe. Ou seja, é a "crise do verso" como tema que redime o verso da crise de anomia que o ameaça.

Ao mesmo tempo, a operação que transforma um verso livre de extração modernista numa linha recortada contra esse mesmo verso é um testemunho efetivo da *crise do verso livre*, na medida em que pressupõe a sua ineficácia. Quero dizer: se o *enjambement* não se justifica pela medida do verso, nem pela necessidade da rima, então ele só se explica como subversão ostensiva do verso livre, pela mera transposição de segmentos frasais de uma linha para outra. Ou seja: temos aqui um atestado de recusa do verso livre, ou de desconfiança nele como eficácia poética.

Quando lemos, porém, os outros poemas do autor que comparecem no mesmo número da revista, esse que venho comentando ganha um imprevisto alcance autocrítico, pois o procedimento que provoca e encena a

CRISE DE VERSO

crise do verso aqui é também o procedimento que se emprega em outros, mas já sem o conteúdo metapoético que, nesta análise, serviu à sua motivação e justificação.

E quando consideramos o quadro da poesia brasileira contemporânea, o alcance se amplia ainda mais, sugerindo – do ponto de vista da estrutura formal – que se trata de um texto que se constitui ou deixa ler como paródia.

Por dois motivos.

Primeiro, porque o recurso de promover, por meio de procedimentos simples e evidentes, a subversão ou ataque ao verso – seja o medido, seja o livre, modernista – é a tônica do tempo e fator que permite irmanar grupos que, sob outros ângulos, poderiam considerar-se antagônicos. Segundo, porque, graças a essa confluência, a quebra arbitrária da frase, sem que se perceba na quebra mais do que o desígnio de quebrar, é o recurso mais abusado da poesia contemporânea. Ou, dizendo de outro modo: uma das estratégias mais características (e banalizadas, tenho de dizer) da poesia pós-concreta de interesse – isto é, da poesia contemporânea que se contrapõe à facilitação dominante no âmbito da neogeração de 45 – é a operação sobre o verso a partir do corte.

Para deixar mais claro o que quero dizer, vejamos mais alguns exemplos.

O primeiro provém da obra de uma escritora que é próxima de Marcos Siscar, na medida em que ela também procede do tronco concretista. Trata-se da primeira parte de "Hileias", de Josely Vianna Baptista (*Sol Sobre Nuvens*, p. 63).

Como deve ter ficado claro na leitura, é sensível o metro como base de estruturação rítmica desse texto disposto ostensivamente como não-verso – ostensivamente porque já desde a primeira linha a quebra se dá no interior de uma palavra (no caso, dividindo um ditongo). A transcrição do texto de forma a destacar o metro permite talvez tornar mais claro o que estou dizendo.

que pulse, repulse só
is, tufos, violetas, so
b um céu pedrento, de
chuva ou de vento, e t
raduza os fólios da im
agem da pele em nuvem
lazúli, bulbo de velu
do e pulse, repulse só
is, tufos, lilases ao l
er os infólios da imag
em da pele em palimps
esto: um abrir-se à br
asa quando a alma nua
se veste de ares e o s
ol calcina em salaman
dras rubras a gala sem
flor de uma orquídea r
ara, *góngora buffonia*,
idéia da idéia ou gozo
invisível do beijo ro
ubado entre sins e sil
êncios, leito de estam
es, ventre de pistilos
e o silvo selvagem de
um pintassilgo assomb
rando abraços, as pro
messas, lampejos de r
elâmpago na floresta

CRISE DE VERSO

HILEIAS

que pulse, repulse
sóis, tufos, violetas
sob um céu pedrento
de chuva ou de vento,
e traduza os fólios
da imagem da pele
em nuvem lazúli,
bulbo de veludo
e pulse, repulse
sóis, tufos, lilases
ao ler os in-fólios
da imagem da pele
em palimpsesto:
um abrir-se à brasa
quando a alma nua
se veste de ares
e o sol calcina
em salamandras rubras
a gala sem flor
de uma orquídea rara,
góngora buffonia,
ideia da ideia
ou gozo invisível
do beijo roubado
entre sins e silêncios,
leito de estames,
ventre de pistilos
e o silvo selvagem
de um pintassilgo
assombrando abraços,
as promessas, lampejos
de relâmpago na floresta.

Nessa disposição, ressalta a extração preciosa do vocabulário e das imagens (simbolista, no meu entender; barroca, segundo a descrição preferencial dos praticantes da modalidade).

A disposição das palavras, aqui, como no primeiro texto que comentei, pode ser entendida de várias formas. Mas uma forma de entender que não me parece possível afastar – e por isso creio que aproxima ambos, apesar da diferença de tom e de escopo – é ler neles uma recusa da tradição do verso, ou do arranjo histórico das palavras em verso. Ou seja, ambos trazem para primeiro plano, de maneira diferente, a crise do verso – e ambos os poemas retiram sua força principalmente da encenação dessa crise, mantendo o elemento recusado ou superado como base da sua articulação.

O segundo exemplo nos é fornecido por Carlito Azevedo – poeta que exerce, em relação a vários outros da sua geração, incluindo Siscar, um papel discreto de líder, por conta talvez da sua posição de editor de bem cuidada revista de poesia na qual veio publicado o poema com que comecei este ensaio de leitura.

Leiamos primeiro este texto:

POR ELA

Perdera – era a perdedora. Repara como anda, não lembra uma onda morta de medo pouco antes de desabar sobre a areia? Você se pergunta: o que pode fazer por ela o poema? Nada, calar todos os seus pássaros ordinários – o que lhe soaria como bruscas freadas de automóvel. Se ele pudesse abraçá-la em não abraçá-la. Mas ainda assim a quer reviver e captar, faz os olhos dela brilhar numa assonância boa e, invisível, faz do corpo dela o seu. Repara ainda um pouco, mais do que se pensa ele a perdeu: com a areia do seu deserto amoroso ergueu-lhe sua triste ampulheta. Fim. *Perdera era o*

Exceto pelo final, a sintaxe não sofre qualquer violência. A pontuação é expressiva, dentro do uso comum; as imagens não chocam pelo imprevisto. O tom namora a coloquialidade, não só no ritmo da frase, mas também na ambiguidade produzida pelo uso misturado do tratamento, e no uso de construções como "morta de medo", "desabar sobre a areia", "você se pergunta". Desse texto morno, no qual as personagens são indistintas, bem como a situação apresentada, emerge apenas a pergunta pela destinação do poema, atribuída ao leitor (ou ao autor, interpelando a si mesmo).

Vejamos agora o poema, tal como o escreveu Azevedo:

POR ELA

Perdera – era a
perdedora. Repara
como anda, não lembra
uma onda morta de medo
pouco antes de
desabar sobre a areia?
Você se pergunta: o
que pode fazer por ela
o poema? Nada, calar
todos os seus pássaros
ordinários – o que lhe
soaria como bruscas
freadas de automóvel.
Se ele pudesse abraçá-la
em não abraçá-la. Mas
ainda assim a quer
reviver e captar, faz
os olhos dela brilhar
numa assonância boa e,
invisível, faz do corpo
dela o seu. Repara
ainda um pouco, mais
do que se pensa ele a
perdeu: com a areia do
seu deserto amoroso
ergueu-lhe sua
triste ampulheta. Fim.
Perdera
era
o[2].

2. Moacyr Félix, *41 Poetas do Rio*, Rio de Janeiro, Funarte, 1998.

O verso exibe aqui o corte típico do momento, isto é, um corte que opera sistematicamente contra o recorte da frase coloquial, deixando em posição final palavras átonas ou parte de um sintagma que precisa da linha seguinte para completar-se.

O que o distingue dos exemplos anteriores é que o corte se dá de modo a criar uma linha de medida breve, que oscila entre quatro e oito sílabas, com predomínio das linhas de seis e sete sílabas. O que é o mesmo que dizer que o corte produz uma simulação do verso mais popular da lírica luso-brasileira, mas o faz de modo a impor essa medida simulada (e irregular, no final das contas) contra o ritmo da frase, contra a forma de corte do verso (medido clássico ou livre moderno) e sem outro apoio que um vago desejo de regularidade abstrata, que não se realiza na leitura.

A sintaxe, como se nota facilmente, está preservada em todos os níveis e momentos, exceto no nível do corte do verso e na *coda*, que é uma frase incompleta. A distribuição em linhas não produz acoplamentos sintáticos, nem desvela rimas imprevistas, nem mesmo destaca paronomásias. De modo que o corte do verso tem apenas duas funções: dificultar a apreensão imediata do poema que, sem ele, não oferece maior dificuldade ou atrativo de leitura e glosar, ainda que negativamente, a ideia de medida.

Assim, esse também é um texto que encena a "crise do verso", isto é, que traz para dentro da composição a nostalgia ou o fantasma do verso, incorporado ao presente do poema como sombra ou como sobra ou como antagonista.

O que distingue esse texto dos anteriores, portanto, não é a encenação da crise, mas justamente a redução do seu alcance a essa encenação. É ela o único ponto de tensão, pois de resto o texto se revela não só despido de ironia, mas também parco de interesse e novidade, seja quanto à dicção, que é indistinta, seja quanto à construção da cena, ao torneio sintático, ao jogo com os registros linguísticos ou à construção imagética.

*

Vejamos agora dois exemplos da moeda corrente da versificação contemporânea. Dois trechos em que o verso como corte ocorre em estado puro, sem a consciência autoirônica, sem a pulsão subterrânea dos ritmos tradicionais e sem qualquer tensão entre o corte e a base tradicional – e sem a nostalgia do verso.

XANGÔ

O que
lança pedras
de raio
contra a casa
do curioso
e congela
o olhar do
mentiroso.
Leopardo,
Marido de Oiá.
Leopardo,
Filho de Iemanjá.
Xangô cozinha
o inhame
com o vento
que sai
de suas ventas.
[etc.][3]

E mais um:

SCHOPENHAUER

Água
de nenhum
mar, gema
de extinta mina,
não mais
que o fulgor
de vidros
(cristaleira)

---

3. Cláudio Daniel e Frederico Barbosa, *Na Virada do Século – Poesia de Invenção no Brasil*, São Paulo, Landy Editora, 2007.

e o viço
de madeira
nova,
lua líquida.
O tempo
lacera
o verde
nos olhos
do gato,
[etc.][4]

*

Para terminar, creio que a pergunta com que iniciei estas considera-ções se desdobra em outra: o que esses exemplos dizem sobre o verso? Ou: o que diz o verso nesses textos que acabo de apresentar?

São casos diferentes, o que dificulta uma resposta unívoca. Mas creio que há um denominador comum: o verso – isto é, a linha interrompida –, nesse tipo de texto, tem sobretudo um valor icônico.

Quero dizer: a função principal do procedimento parece ser afirmar visualmente (do mesmo modo que um tipo de roupa identifica um membro ou aspirante a membro de uma dada tribo urbana) o caráter "poético" de uma asserção ou conjunto de palavras de extensão média, demandando do leitor uma leitura no registro da poesia.

No melhor exemplo, o "registro da poesia", colocado nesses termos, termina fatalmente por conduzir ou à ironia ou à tensão entre a construção e a destruição do verso como veículo do lirismo.

Já na poesia de puro tatibitate a repetição exaustiva do procedimento de definir a extensão da linha pelo corte arbitrário termina por transfor-mar o verso num gesto visual que só traduz uma ambição ou postulação de poesia.

Ainda no âmbito das funções maiores, o verso que vimos observando tem outro papel importante: representar uma pequena resistência à leitu-

4. *Idem*, p. 110.

CRISE DE VERSO

ra. Pequena, porque o procedimento é simples e a leitura de uns poucos poemas da espécie logo entrega a chave do mecanismo ao leitor atento. Mas é sempre uma resistência à leitura o ter de recompor a frase para além do corte. E é importante essa função, pois visa a minimizar ou eliminar por instantes a previsibilidade da frase ou o lugar-comum da imagética, bem como a afastar a suspeita – logo concretizada, porém, assim que o leitor transpuser a barreira frágil – de falta de relevância do que se propõe dizer ou de falta de originalidade e consequência na forma de dizer.

15

A Crise em Crise[1]

O quam te memorem virgo.

UMA DEFINIÇÃO MUITO PARCIAL do que seja poesia hoje – uma definição realmente parcial, mas nem por isso menos efetiva no momento da leitura ou da escrita – poderia ser: poesia é aquilo que reivindica a tradição da poesia. Ou talvez pudesse dizer: poesia é aquilo que reivindica uma tradição de leitura, o modo de ler que é implicado pelo nome, pela tradição que denominamos poesia.

Assim, independente de um texto ser um *ready made* – em que a coleta e o recorte decidem – ou um objeto produzido por um computador a partir de parâmetros rígidos ou algoritmos que definem e circunscrevem o espaço do aleatório – ou ainda uma sequência de linhas em que a linguagem natural convoca a simpatia do leitor – o que define o pertencimento ao gênero é um movimento duplo: a reivindicação do estatuto e o acolhimento dessa reivindicação. É certo que o acolhimento não implica o valor, que varia segundo o tempo, o modo e a tensão dominante no momento, no campo cultural. Mas aqui o que está em pauta não é a questão do valor, e sim a da definição do gênero de discurso.

---

1. Publicado em Solange Fiúza e Ida Alves, *Poesia Contemporânea Tradição – Brasil/Portugal*, São Paulo, Nanquin Editorial, 2017. Aqui, com algumas correções tópicas.

136   CRISE EM CRISE

Por exemplo, a "poesia concreta", conquanto recusasse o lirismo e as formas tradicionais de organização do poema, e ao mesmo tempo proclamasse o resultado de sua prática de início como um desejo de produto industrial, capaz de funcionar integrado à arquitetura e à vida da cidade, nunca desprezou o nome "poesia". Pelo contrário, fez questão dele e recontou a história da poesia ocidental de modo a garantir a possibilidade (e, mais do que a possibilidade, a fatalidade) do pertencimento.

Daí que as leituras programáticas dos poemas concretos da primeira fase se fundassem na releitura, na busca das referências intertextuais ou culturais e na exegese da forma e da intenção embutida na forma, contra o pano de fundo daquela produção que não tinha problemas em ser subsumida na denominação "poesia".

A partir de meados do século passado, creio que a concorrência de outros meios de produção simbólica, bem como a diminuição gradual da relevância social da literatura tiveram efeitos bastante notáveis sobre a escrita e a leitura de poesia. E, para voltar ao ponto, para a leitura de um texto como poesia.

Não vou repetir aqui os argumentos que já usei à exaustão em outros textos[2]. Mas gostaria de recordar um ponto, que é o da perpetuação da tradição por meio da educação escolar.

No que diz respeito à literatura na escola, no Brasil, vivemos um momento paroxístico: a rigor, os parâmetros educacionais vigentes excluem a literatura dos currículos. Ao menos como matéria central ou de importância. Ou melhor, excluem a educação literária, que se fazia basicamente pelo ensino da história da literatura e pela leitura das obras consideradas importantes para a definição nacional ou para obter cultura geral. Em vez disso, o que se tem hoje na escola que segue as orientações curriculares é uma forma puramente utilitária – comunicacional – de trabalho com o texto e um enfoque igualmente funcional – porque não valoriza sequer as formas hoje pouco usuais da linguagem culta – da escrita.

Por enquanto, essas formas de relação com o texto literário e a linguagem culta permanecem vivas no meio universitário especializado, ou seja,

---

2. Por exemplo, em http://sibila.com.br/critica/consideracoes-sobre-alguma-poesia-contemporanea/5046.

nos cursos de Letras. O que cria o curioso quadro de uma formação literária de tipo tradicional para um profissional que não só não terá uso institucional para essa formação, mas também (graças a um perverso sistema de recompensa à especialização precoce vigente na universidade) não terá sequer relevância para a sua própria formação, fora dos limites estreitos da sua "especialidade".

As consequências, no que diz respeito à leitura de poesia, são evidentes: o poeta dispõe hoje de um público restrito – não numericamente, pois a celebração do autor e do livro parece ter crescido na proporção inversa do desinteresse pelo texto ou capacidade de leitura. Mas restrito principalmente no sentido do quadro referencial ou tradicional que é implicado pelo simples ato de dispor as palavras numa página em linhas interrompidas antes da margem direita.

Por outro lado, desde há mais de um século, a dinâmica propriamente literária – isto é, a dinâmica da luta pela hegemonia num dado campo simbólico – produziu um feito notável, que foi a exclusão programática do leitor comum (ainda quando essa exclusão fosse apenas recurso retórico de captação do mesmo leitor que era ostensivamente excluído). Isso não precisa de exposição, no que diz respeito à poesia, desde Mallarmé e na corrente que dele reclama a herança. Mas é evidente mesmo naquela forma de literatura que dependia do leitor comum para a sua sobrevivência – como é o caso, para só referir um exemplo e em nossa língua, das obras de Camilo Castelo Branco, em cujos prefácios e apostos o leitor é frequentemente achincalhado, apenas para que os leitores desejados se sentissem parte de uma comunidade superior.

No que diz respeito à poesia, a configuração do leitor comum ou do leitor ideal tem ainda mais consequências formais do que no caso do romance. Camilo podia, por exemplo, manter uma narrativa convencional e romântica no mesmo livro em que um prefácio agredia o leitor ou ironizava o gosto literário que ali se encontrava satisfeito. E até mesmo glosar o descaramento de escrever o que agradasse e atraísse o comprador.

Na poesia, entretanto, a questão é mais grave por – ao que me parece – dois motivos. O primeiro é o público disponível. Em Mallarmé o problema comparece já de modo claro: à sombra de Victor Hugo, o que fazer? Disputar aquele mesmo leitor? Ocupar o lugar do Vate que encarnava o presente para proclamar o futuro? E, em registro mais próprio: usar o seu verso brilhante, com a cesura tradicional definindo o ritmo da frase? Organizar o poema segundo o sopro do entusiasmo – ou seja, segundo o sopro do deus encarnado no poeta e por ele se expressando?

Essa não era e não foi uma opção para Mallarmé.

Sua resposta foi construída na direção oposta, acentuando a aparência oracular e o hermetismo sintático e vocabular. Um oráculo de si mesmo ou de nada. Mas que mantinha, como base expressional, o hábito, a sedimentação do alexandrino francês (e, mais especificamente, poderia arriscar, hugoano). Sua "crise de verso" não é uma proposta de abandono ou superação do verso, como já se leu. Mas uma crise de um tipo de verso, da qual o primeiro fruto é a proposta de trabalhar sobre o fantasma do verso, sobre a memória do verso. Isto é, sobre a tradição do verso.

Para um leitor atual não familiarizado com o verso francês, boa parte da delicadeza, da ironia e da arte da versificação de Mallarmé não chega a ser percebida. Acresce essa dificuldade a subsunção que se operou no Brasil da crise de verso mallarmaica no tipo de estruturação do poema que se encontra em *Um Lance de Dados*.

Mas este me parece ser um ponto importante, a não esquecer: Mallarmé tinha, ao seu dispor, uma memória poética, sedimentada no seu leitor eventual ou fiel, com a qual ele podia contar para o bem e para o mal.

Ao longo do desenvolvimento da poesia em língua portuguesa – naquilo que denominamos o nosso Modernismo – sucedeu o mesmo. Isto é, as vanguardas puderam construir-se, escorando com as ruínas das formas de leitura anteriores e ainda vivas, como prática e expectativa, no leitor, o seu arsenal de paródias, paráfrases, gestos de demolição e de reconstrução. Essa relação complexa com o leitor previsto, esperado ou recusado se mostra de várias formas – uma das quais se encontra, ainda no âmbito do Modernismo em português, nos heterônimos de Pessoa, que ganham em ser pensados a partir desse ponto de vista, ou seja, como (em parte) espelhos deformantes das tradições de leitura pré-modernistas. E os debates todos sobre a forma do verso, o verso livre, o verso harmônico etc., que permeiam os textos de Mário de Andrade, permitem reconhecer o mesmo processo de reivindicação do poético em clave contrapositiva.

Entretanto, essa poética contrapositiva perde eficácia na medida em que o oponente perde força ou é abandonado no passado. E não deixa de ser cômico reencontrar, vez por outra, no discurso crítico de poetas contemporâneos, uma espécie de nostalgia do momento áureo da contraposição. De fato, é frequente observar o ataque aos defuntos parnasianos beletristas, como se eles ainda fossem ameaça. A narrativa heroicizante do nosso Modernismo ainda parece ser forma dominante em apresentações panorâmicas, seja na narrativa da época em que se produziu, seja na narrativa de fatos posteriores, assimilados a esse momento áureo da contraposição que foi o momento vanguardista dos anos 1920.

Poderia aqui mencionar inúmeros exemplos, mas basta um, pela sua eloquência: o texto de apresentação dos volumes da antologia *poesia.br* – no qual a matriz narrativa da autovisão vanguardista fornece a chave do entendimento dos nós literários subsequentes[3].

A narrativa heroica tem como valores a ruptura, o antitradicionalismo, a busca de "liberdade" (concretamente, na matéria do trato da palavra, ou em termos mais vagos) e a "modernidade", que quer dizer frequentemente adequação ao tempo presente, atualidade.

Esses conceitos são, evidentemente, fluidos e praticamente desprovidos de valor como princípios de aferição da qualidade ou do predomínio de uma tendência sobre outra. Mas ainda assim ordenam, em muitos lugares, aquilo que se reconhece como "literatura".

Mas não mais no lugar onde o cidadão comum faz a sua formação escolar. Não mais na escola básica ou no ensino médio. Ali, a fraqueza e dessuetude dessas narrativas parecem evidentes a ponto de gerar, mais que o desinteresse, o banimento oficial.

E elas só sobrevivem pelo seu esqueleto mais descarnado: como parte dos insaciáveis elogios e estímulos ao desenvolvimento do espírito crítico, à criatividade e à altaneria frente à tradição opressora do "preconceito

---

3. A propósito, ver o texto "Considerações sobre Crítica de Poesia Contemporânea", neste volume, especialmente as pp. 184-185.

linguístico", que, nos piores casos, é associada aos malefícios da suposta cultura elitizada e excludente.

É dentro desse quadro que entendo que o momento é paroxístico. Sem contar minimamente com a internalização da tradição no leitor comum, o que sustenta a poesia? Ou, dizendo de outra forma, o que é a poesia, o discurso poético, sem a base tradicional sobre a qual tradicionalmente se articula?

O abuso da palavra tradição na frase anterior se justifica pelo fato de que "poesia", no sentido não comum (isto é, sem ser em frases como "a poesia deste momento"), demanda uma forma de leitura específica, na qual a tradição da forma e principalmente a atitude do leitor são os coletes salva-vidas sem os quais hoje as pequenas frases, os registros do cotidiano ou as pífias demonstrações do que generosamente se chama de "técnica poética" afundam no desinteresse.

Quanto a isso, não preciso repetir aqui o famoso texto "Contra os Poetas", de Witold Gombrowicz. Sua convocação basta para inserir no horizonte uma percepção da poesia que não pode ser atribuída à ignorância. Uma percepção que também se mostra vigorosa na quase incompreensível e muito recorrente afirmação na boca de doutores em Letras: "eu não entendo de poesia" – cujo âmbito de aplicação descompromissada, entretanto, não é mais amplo do que o que chamamos "contemporaneidade", pois provavelmente poucos diriam essa frase para se referir a objetos já adequadamente enquadrados numa narrativa histórica coerente, como seria o caso de Camões ou Pessoa ou Drummond. Ou melhor, a confissão pelo menos não surgiria de forma tão cândida e leve.

Sucede que a diminuição do interesse público pela poesia tem uma segunda componente, que não pode ser ignorada: o lugar do vate é hoje um lugar vazio. E não só do vate. Na era da ciência e da técnica, há cada vez menos espaço para uma figura como Victor Hugo ou mesmo como Pablo Neruda ou ainda Ezra Pound. O que um poeta tem a dizer, em forma de poesia, para grandes auditórios, nos dias de hoje? Em que residiria o valor objetivo da sua visada individual ou da sua capacidade de dar forma a um sentimento coletivo?

Essa questão não está mais na ordem do dia. A divisão do trabalho intelectual deixou para economistas, sociólogos, psicólogos, filósofos e, mais recentemente, neurologistas a tribuna pública para os assuntos relevantes. A poesia foi reconduzida a um patamar do qual nunca saíram outras artes, como a música, a pintura e a escultura.

A prosa ainda parece manter-se na ordem do dia do debate social. Romances ainda são indagados pela ideia de sociedade que transmitem, pelos valores que promovem ou corroem. Mas a poesia raramente, nos dias de hoje, ao que eu saiba, é interpelada nesses termos – como já foi, mesmo no Brasil, até a primeira metade do século passado e mesmo depois, por exemplo, com Drummond e com Gullar – para referir apenas dois nomes cuja poesia reivindicava um combate por ideias sobre o mundo seu contemporâneo.

Não que a poesia não trate ainda do social. Trata. E em muitos casos de uma forma imediata, por meio da tematização piedosa, ou mediata, por meio da bruta colagem ou mimese formal da violência do processo social. Mas a discussão que ela busca e desperta, se for bem-sucedida, não é sobre a sua representação ou crítica da sociedade ou do lugar do indivíduo no mundo contemporâneo, mas sempre sobre as questões vinculadas à forma, à tradição, àquilo que de modo geral se denomina técnica. Nesses termos, é possível endossar a hipótese de Anelito de Oliveira[4] de que vivemos nos últimos anos um processo de desdrummondização da poesia brasileira – deixando de lado, em nome da concentração do interesse na metalinguagem ou na exibição dos procedimentos, justamente aquela fusão da história pessoal e história social, aquela tensão estruturante da forma e do representado que a caracterizam e lhe deram sua força e penetração ampla ao longo dos anos centrais do século passado.

Ao mesmo tempo, a crítica contemporânea de poesia, no Brasil, mantém-se de regra no nível do comentário especializado, dirigido a especialistas. E não apenas por conta da falta de cultura literária (nos termos em que essa ausência foi institucionalizada nas reformulações do currículo das escolas médias), mas também por uma dinâmica interna à própria poesia, fundada na imagem do leitor possível ou previsto no texto poético, e por conta do lugar e situação de produção da crítica hoje, de regra

---

4. Anelito de Oliveira, "A Lebre e a Serpente".

vinculada à universidade – reduto, ao menos em tese, da história das formas e estilos.

É verdade que há vários tipos de poesia em produção e circulação hoje no Brasil. Mas a que penetra e é valorizada nos centros de poder de legitimação não é a que arrebanha maior número de leitores nas redes sociais ou nas livrarias. Nem mesmo a que retira sua força de vida da inserção numa comunidade específica, por meio da verbalização do reprimido ou da celebração do rito comum.

A poesia que é acolhida nos círculos universitários, ou a que comparece como objeto de livros e teses sobre poesia publicados e defendidas por editoras e em instituições de prestígio, é a que traz consigo as marcas do duplo movimento que define a contemporaneidade: reivindicar a tradição e o modo de leitura da modernidade usualmente para negá-los, ridicularizá-los ou apenas transformá-los em índices de cultura e garantia de pertencimento.

Não é natural, nesse quadro, que essa crítica acadêmica se mostre usualmente anódina, átona, quanto mais o seu objeto é contemporâneo de si? Que glose indefinidamente conceitos vazios e vagamente operacionais como "rigor" ou "ruptura" ou ainda "econômico", "conciso", "transgressor", "sintético" etc.? Ou então que retrace as linhas de pertencimento e filiação e com isso julgue decifrado o sentido do texto? Ou, por fim, mais banal, que se limite à descrição do modo de funcionamento, do princípio organizativo?

E não é esperável que a prática poética, tendo em mente essas instâncias possíveis de consagração num universo desprovido de leitores anônimos, traga já as charadas, as marcas e as piscadelas de olhos para esse leitor bem determinado, que é o professor de universidade ou o pós-graduando e, se a sorte ajudar, o estudante de graduação em Letras? E não é ainda mais esperável que poucas vezes um livro de poesia se apresente ao público desacompanhado de prefácios, posfácios, orelhas, quarta capas (às vezes tudo isso ao mesmo tempo), assinados por colegas poetas e, preferencialmente, por professores universitários ou críticos conhecidos?

Em boa parte da poesia contemporânea que tenho lido – e aqui não pretendo citar nomes, porque acredito que seu nome é legião – a busca de aliciamento pela cumplicidade das referências chega a ser incômoda. Nos melhores casos, os índices e alusões se sofisticam e há matéria para todos os gostos e níveis, trazendo alguns livros verdadeiras redes de referências evidentes, quase evidentes ou bastante camufladas. Nos piores, a conversa de comadres entre o poeta e seus amigos poetas, o texto em curto-circuito que substitui o diálogo propriamente literário pelo diálogo da vida literária, produz apenas uma constatação irônica da falta de destinatários e da falta de relevância social do tipo de discurso que só encontra eco em outros produtores de discursos semelhantes.

A pergunta que sempre me faço, nesses momentos, é: – isso de fato concorre para a construção do novo, para a força do texto? São funcionais essas referências e alusões? Ou são a versão mais alta da reivindicação de modo de leitura poética que tem na disposição em linhas quebradas até o nível do sintagma a sua manifestação mais primária?

Já ao discurso banal, normalmente autocelebratório, de heroicização do poeta e da prática poética, ou da conversa cifrada entre pares, não pergunto nada. Porque a resposta é evidente, no que toca à definição do leitor e ao âmbito restrito da recepção privilegiada.

O modo de leitura poética almejado nesses casos, entretanto, não diz respeito ao incremento do sentido social, político ou psicológico. E a essa demanda corresponde uma crítica circular, que nasce no mesmo universo em que a demanda se produz e tem como destinatário o mesmo público restrito e rarefeito – frequentemente composto pelos mesmos pares agrupados segundo afinidades reais, ou meramente táticas ou estratégicas. Por isso, a crítica hoje é, na sua maior parte, a que Nietzsche[5] descreveu com traços firmes há cento e cinquenta anos, ao se referir aos "manuais incarnados":

[...] não resulta daí [dessa crítica] qualquer efeito, mas sempre uma nova crítica, e esta crítica, por sua vez, também não produz efeito, mas constitui o objeto de uma outra crítica. Todos concordam em considerar que ter muitas críticas é um sucesso e que ter poucas ou não ter muitas críticas é um fracasso. Mas, no fundo, mesmo quando ao efeito produzido, nada mudou; glosa-se por momentos uma novidade, depois outra, e tudo continua como dantes.

5. Frederico Nietzsche, "Da Utilidade e da Inconveniências da História para a Vida", p. 149.

Quadro esse agravado, hoje, não só pela redução do público minimamente aparelhado para responder às demandas técnicas da poesia contemporânea, mas também pela vinculação desse público a um universo no qual a produção de textos sobre textos é uma das exigências de sobrevivência e progresso na carreira.

Ao mesmo tempo, na outra ponta do espectro da crítica contemporânea, no pequeno espaço destinado à poesia nos meios de comunicação de massa, a modalidade é de regra, além do compadrio meramente elogioso, a resenha parafrástica, que apenas traduz em rasa prosa analítica os tópicos patentes nos poemas, nas entrevistas e em outros aparecimentos da figura autoral. Mas em ambos os casos – e até mesmo no melhor, que é o do crítico independente e de amplo repertório que aceita os limites impostos pelo meio – a resenha jornalística, condenada a umas poucas linhas, não pode almejar à análise e à consideração detida do objeto, nem pode pressupor a leitura, pelo seu destinatário, seja do livro resenhado, seja da tradição que ele reivindica para ser entendido ou classificado como poesia. Por isso, a saída do resenhista, nesse campo, como se vê a qualquer momento, se dá pela adesão ao texto, manifestada na transcrição entre aspas de passagens escolhidas, que terminam por compor um mosaico, uma espécie de resumo em que se equilibram, por um lado, os objetivos confessos do livro, do poeta e do aparato paratextual e, por outro, o agenciamento de referências básicas de caráter literário ou histórico, familiares ao leitor – entre elas, com destaque, as filiações canônicas aos clãs modernistas. Ou, *grosso modo*, vanguardistas.

Esse, ao que me parece, é o panorama geral da poesia contemporânea brasileira. Não de toda ela, evidentemente, mas da maior parte da poesia de extração erudita e orientada para o leitor atual – e não para o leitor possível no futuro, os famosos oitenta leitores de Stendhal. A poesia que encontra seu lugar de realização nas mais representativas revistas de literatura e nos volumes publicados pelas editoras mais prestigiosas, e que recebe usual atenção universitária, na forma de ensaios em publicações especializadas, capítulos de livros como este, por fim, em teses e dissertações.

Essa modalidade da poesia contemporânea que parece hegemônica nos meios de divulgação e afirmação cultural vinha retirando justamente da sua relação problemática e problematizadora da tradição erudita a sua seiva e energia. Por isso mesmo, não creio que esteja exagerando ao entendê-la preferencialmente como "poesia da crise", no sentido que a tematização ou representação gráfica da crise da poesia tradicional é um dos seus elementos centrais – uma parte mesmo daquilo que ao leitor ela apresenta como atestado de pertencimento ao gênero: a predominância da metalinguagem e da metapoesia, o uso reiterado de alusões infuncionais, a versificação que "dificulta a leitura" (por meio das quebras de linha não interpretáveis segundo o ritmo sintático ou as coordenadas e oralização), a ausência da convenção ortográfica no uso de maiúsculas e de pontuação que destaque a articulação sintática das frases.

Essa "poesia da crise" é que agora me parece mergulhada em nova crise. Mais exatamente, na crise provocada pelo reconhecimento cada vez maior de que a tematização ou representação técnica da crise já não basta para conjurá-la ou torná-la eficaz como produtora de poesia. Pelo contrário, a crise funciona agora como lugar-comum, *topos* gasto, vulgarização que corrói por dentro o valor da novidade e a afirmação de continuidade – porque a datação do procedimento e a generalização da glosa da crise confinam essa poesia exatamente no que ela não pode suportar, uma vez apoiada na noção de crise: a pacificação real, pela via negativa e pela exaustão do procedimento, das tensões que a estruturavam. Ou seja, a banalização da ruptura e da novidade não produz (como parece ser o desejo) tensão de continuidade viva do passado, mas apenas uma franja no presente, já historizada como lugar-comum de época.

Por isso, um poeta atento e aguçado na reflexão sobre o tópico "poesia e crise" pôde fazer, no seu último livro (que na verdade seria o objeto deste capítulo, se as considerações iniciais não tivessem ganhado corpo ao ponto de expulsar do texto o que foi o seu primeiro motivo), o que me parece um esforço significativo de superação da pacificação da crise. De várias formas, mas principalmente (no que diz respeito à presente discussão) por meio de uma espécie de ressignificação de um modo modernista, no qual a coloquialidade, a cotidianeidade e a proposição da centralidade da memória afetiva produzem combinações tensas, capazes de gerar o estranhamento que define o novo, especialmente contra o pano de fundo da banalização da crise.

Além dessa poesia que reivindica a tradição erudita e, por isso mesmo, exibe a crise dessa tradição, manifestada de várias formas, inclusive no que toca à desolação de não esperar leitores aparelhados, há outros modos poéticos que compõem o quadro amplo da contemporaneidade.

O primeiro desses modos, porque está mais próximo do que vimos descrevendo, na medida em que decorre de uma primeira resposta à função moderna da poesia num tempo de grande avanço tecnológico, é o vanguardista. Persistindo pela força da inércia, sem resposta eficaz à crise, isolados ainda num tempo em que a utopia era a confluência, na poesia, da técnica mais moderna com a tradição mais erudita, contentam-se hoje com o esforço de reafirmar o seu pioneirismo inócuo e a sua radicação num futuro que, a cada década, se revela tão datado quanto um desenho dos Jetsons.

Há outros modos mais significativos, na poesia contemporânea, seja pela sua penetração social, seja pela sua continuidade, mas que não se aparentam com o tipo de poesia que me parece mais característica da nossa época, porque são modos que ou convocam naturalmente uma tradição erudita, sem que essa convocação seja explicitamente problematizada, ou então que não reivindicam a tradição erudita, mas apenas a tradição em sentido mais próximo ao que se dá à palavra "costume" ou "regra". Por exemplo, a poesia de cordel, a poesia do *rap*, a da música popular – e também aquela poesia justamente chamada de "tradicional", expressão que sintomaticamente pode designar tanto a poesia que se faz com recurso ao verso medido e à rima – que pode até ser descrita como de extração romântica ou parnasiana –, quanto a poesia que continua utilizando "sem crise" o verso livre, de recorte modernista.

Não creio que valha a pena refletir aqui sobre a poesia que não reivindica explicitamente a tradição erudita. Foge ao escopo do texto, na medida em que a questão do público aparece ali resolvida na própria definição genérica. Tampouco interessa a esta discussão a poesia que convoca uma tradição erudita sem crise. Átona, pacificada (ou átona porque pacificada) e ao mesmo tempo presumida na sua função de guardiã de uma tradição mumificada, tem pouco interesse para os propósitos desta

A CRISE EM CRISE

reflexão sobre a crise da poesia, justamente por ser uma poesia construída contra a crise, puramente reativa. Deste último tipo, desperta o interesse crítico apenas uma pequena parte, a que convoca a tradição reflexiva da poesia ocidental em formas tradicionais. No caso mais representativo, talvez seja mesmo possível supor que ela tenha consciência da sua falibilidade ou pouca efetividade poética na contemporaneidade e por isso se apresente, como aparece no título de um livro exemplar, "como ideia".

Mas nesse segmento o impasse se revela de modo mais claro e mais forte no livro de Haroldo de Campos, *A Máquina do Mundo Repensada*, no qual se convocam e conjugam a tradição da forma – já pela apresentação em estrofes de três decassílabos, que aludem visualmente à tercina dantesca e ao poema de Drummond – e o motivo do poeta visionário, por meio da metáfora da máquina do mundo.

No caso desse esboço de epopeia contemporânea, o resultado é uma colcha de retalhos formal e conceitual, na qual se combinam vagas noções de física, celebração de amizades do poeta, excursões a paraísos arqueológicos e glosa abundante de tópicos ligados à contemplação do universo físico – ecoando Camões e recusando, em nome da celebração e esperança da ciência, a aparição moderna da mesma máquina em Drummond (em cujo poema ela se constituía apenas pelo elenco de argumentos sedutores e pela recusa de contemplação). Por isso mesmo, não se consegue no poema de Haroldo de Campos o equilíbrio entre a situação pessoal, o momento histórico e a tradição da forma e do assunto, como em Drummond. Lá, por meio da recusa à totalização, tudo poderia ser convocado de forma negativa. Aqui, por outro lado, o que se tem é o desejo vácuo de apreensão da totalidade, ainda quando essa apreensão seja impossível ou não haja totalidade a apreender, após o Big-Bang. A versificação dura, que para manutenção da medida exige o esforço da fusão violenta de sílabas, de acordo com regras que já não vigoram na prosódia comum, contribui para o efeito final de *fake*, do qual apenas a ironia inexistente poderia resgatar o poema e seu esforço.

Dentro do tópico que interessa a este texto, a consideração desse poema reforça a hipótese de que, quando a poesia contemporânea perde de vista o seu estatuto problemático e sua complicada relação com a tradi-

CRISE EM CRISE

ção convocada frente a um leitor igualmente problemático (porque já não suposto herdeiro do legado), quando tenta superar a crise pela entrega total à incorporação e glosa de uma tradição que já não vigora como elemento comum, o que lhe resta de vivo é o tom de conversa entre amigos – sobre o cotidiano do grupo ou sobre as epifanias dos eleitos, tal qual no caso dos poetas em circuito fechado, a que me referi acima. E aqui menos ainda se escapa da tentação do pedantismo, na medida em que essa poesia termina por ser, de uma forma ou outra, declaradamente autocelebratória. (Como se vê, aliás, de corpo mais inteiro, em outro poema, pouco anterior, de Haroldo de Campos[6], em que parodia o *I-Juca Pirama*, para exibir a comunidade dos gênios, por meio da afirmação do seu pertencimento ao escol das figuras proeminentes da cultura do seu tempo.)

Desse quadro, que acho que poderia denominar-se, como este texto, "a crise em crise", ou talvez ainda "a crise da crise", resulta não uma esperança de superação da crise – tarefa que parece impossível para o tipo de poesia que busca ultrapassar a mera expressão ou o descanso no *rigor mortis* dos procedimentos alusivos da modernidade. Pelo contrário, à poesia hoje é preciso, como sempre foi, reinventar-se – agora, porém, com a nota nova da perda da relevância social da literatura – cujo espaço é cada vez mais reduzido ao estatuto de um produto entre outros, quase uma *commodity* – e com a agravante do desinteresse e do esvaimento do repertório tradicional de um público mais amplo do que o dos próprios produtores e seus críticos profissionais.

A questão da tradição, assim, é agora muito mais dramática do que há um século, quando T. S. Eliot julgava escorar, com os fragmentos escolhidos nas obras do passado, as suas ruínas, ou quando Pound fazia brilhar o produto dos seus saques às culturas distantes no tempo e no espaço. Na época do Google, o jardim de fragmentos eruditos e de flores exóticas se estende ao infinito e o agenciamento de referências culturais, por muito fácil, não produz impacto, nem sentido digno de reflexão.

E porque essa poesia que vimos comentando traz, no seu melhor, a nota utópica da resistência ao abastardamento, à redução a produto no

---

6. Haroldo de Campos, *A Máquina do Mundo Repensada*, pp. 89 e ss.

campo do entretenimento, ela não pode abdicar da tradição que a constitui e diferencia como prática linguística e artística radicalmente distinta seja da prosa comercial, seja da prosa de ficção. Não que a prosa de ficção não possa aspirar à poesia ou emulá-la. Pode, continuando prosa, inclusive. Já à poesia não é uma possibilidade – a não ser como parte do projeto de contraposição significativa à tradição moderna – deixar-se descrever como prosa. Ainda no uso comum, dizer da prosa que é poética é quase sempre um elogio, enquanto dizer da poesia que é prosaica é frequentemente um reparo ou um insulto.

Assim, o ponto decisivo onde essa poesia que se percebe como resistência cultural busca se apoiar é a tradição poética. Do que resulta o estado algo agônico da contemporaneidade, em que sequer parece possível, como ainda se fez nos anos de 1950, desenvolver uma ação consequente de criação de um público dotado de repertório adequado às exigências da leitura da poesia de extração ou pretensão erudita. Naquela época, esse público ávido de informação cultural, no Brasil, era o que se preparava, nas universidades recém-criadas, para as tarefas da cultura. Hoje, esse público simplesmente não existe, pois a literatura, na organização atual das faculdades e departamentos, persiste mais por inércia do que por demanda social, já que o ensino regular de nível básico e médio sequer inclui a tradição literária como matéria relevante.

É provável que a crise da crise se perpetue. Algo como a crise da crise de crise. Ou que a crise venha a ser mais um produto adquirível no mercado de quinquilharias. Quanto a mim, o que importa – agora como sempre – é olhar de frente a questão. E se houvesse uma frase que pudesse resumir a disposição de espírito subjacente à atitude crítica adequada a este momento seria a extraída do livro de um dos totens da crise, que é desde o raiar da nossa modernidade simultaneamente de verso e de poesia – assim, termino estas reflexões com uma citação conhecida, das preferidas, inclusive, na metalinguagem da crise –, esta: escrevi este capítulo, destinado a um livro sobre poesia e tradição, sem presumir do futuro o que sairá de nosso tempo, deste momento agônico: nada ou quase uma arte.

16

Anotações Sobre Alguma Poesia[1]

Witold gombrowicz (1904-1969) escreveu, na década de 1950, um artigo intitulado "Contra os Poetas". A tese central do texto é assim resumida pelo autor: "[...] quase ninguém gosta de poemas e [...] o mundo da poesia versificada é um mundo de mentirinha, uma falsificação [...] tão ousada quanto leviana"[2].

Gombrowicz distingue poemas e poesia. Diz que aprecia a poesia quando ela lhe surge em Shakespeare ou na prosa de Dostoiévski. É contra os poetas, isto é, os que escrevem poesia, e contra o produto dessa atividade, que a sua tese se ergue:

> Não posso aguentar essa cantilena monótona, o tempo todo sublime, [...] me dão sono o ritmo e a rima, [...] a linguagem dos poetas me parece a menos interessante de todas as linguagens possíveis, [...] essa Beleza é para mim tão pouco sedutora, [...] não conheço, em termos de estilo, nada de pior, nada de mais ridículo que o jeito como os poetas falam de si mesmos e da sua poesia.

---

1. Publicado em *Sibila*, eletrônica, 09.01.2012.
2. Referências pela publicação na revista *Poesia Sempre*, n. 30, Rio de Janeiro, fbn, 2008. Tradução de Marcelo Paiva de Souza.

Os principais argumentos de Gombrowicz caminham na direção de que a poesia – isto é, a poesia em poemas – é um empobrecimento e não um enriquecimento da linguagem. Algumas das razões que aponta para o desinteresse da poesia são a circularidade da produção e do consumo (são poetas os que escrevem e são poetas os que leem), o autocentramento do tema (poemas que falam do poema e da palavra poética ou da vocação do poeta) e a homogeneidade do estilo ("uma dúzia de 'experiências' sacralizadas transmitidas nas combinações impertinentes de um dicionário mesquinho"). E, finalmente, esta razão capital: "o que tinha de ser um voo momentâneo da prosa virou programa, sistema, profissão". Ou seja, o que era para ser um modo de linguagem entre outros, um momento cujo valor vinha da situação e do contraste, passou a ser buscado em abstrato, desvinculado de um fundo, de um contexto ou situação narrativa. Daí a circularidade e a falta de comunicabilidade da poesia dos poetas:

> Os Poetas tornaram-se escravos – e poderíamos definir o poeta como o ser que já não pode expressar a si mesmo, porque precisa expressar o Poema. / E, contudo, talvez não possa haver na arte uma tarefa mais importante do que esta: expressar a si mesmo. Não deveríamos nunca perder de vista a verdade de que todo estilo, toda postura definida se forma por eliminação e no fundo é um empobrecimento.

Não vou aqui discutir as ideias de Gombrowicz, nem criticá-las da forma mais fácil, acusando-o de essencialista. Prefiro tomá-las como testemunho de um homem evidentemente culto e, mais que isso, um notável escritor, e quero acrescentar, de minha parte, outro testemunho: que muitas pessoas cultas que conheço (incluindo alunos de Letras – e colegas professores universitários) partilham, ostensiva ou secretamente, essa aversão do romancista. Mesmo que a métrica e a rima já não sejam dominantes e que o sublime não seja um objetivo ou dê o tom da poesia contemporânea. Ou seja, não creio que essa provocação tenha perdido interesse ao longo dos últimos sessenta anos, nem que seja destituída de valor. Pelo contrário, creio que vale a pena desenvolver algumas de suas proposições, no quadro da lírica contemporânea de língua portuguesa.

A questão, porém, não é simples. Porque embora possamos dizer que a poesia tem público minúsculo, quando confrontada com o romance e

ANOTAÇÕES SOBRE ALGUMA POESIA

mesmo com o conto, é fácil constatar que continua havendo hoje leitores interessados em poesia (ainda que a maioria deles possa ser, de fato, constituída pelos próprios poetas), mas, principalmente, pessoas interessadas em falar de poesia contemporânea.

Seria interessante tentar definir qual o interesse da poesia para a contemporaneidade, qual o seu lugar no imaginário de nossa época. Mas, antes dessa questão, há uma outra, mais básica, que precisaria ser encarada a sério: o que é poesia hoje? Isto é: como se reconhece um texto como poesia? Em que consiste o mínimo denominador comum que permite que afirmemos ou leiamos um texto como poesia? Ou: o que faz de um texto um poema?

Há várias respostas, porque há vários tipos de poemas – já diria La Palisse. Mas creio que vale a pena tentar discutir algumas proposições gerais, para que possamos pensar com mais clareza o que significa para nós, hoje, no Brasil (e em Portugal), "poesia".

A resposta mais elementar é a que busca radicar a diferença na apresentação formal. É o que faz, num ensaio recentemente publicado no Brasil, Agamben, quando escreve, a propósito de Caproni:

A medida tradicional do verso passa a ser drasticamente contraída e as reticências […] marcam a impossibilidade de levar a cabo o tema prosódico. Dessa forma o verso é reduzido a seus elementos-limite: o *enjambement – se é verdade que este é o único critério que permite diferenciar prosa e poesia –* e a cesura (Hölderlin define-a "antirrítmica" e aqui ela é patologicamente dilatada até devorar completamente o ritmo)[3].

Entretanto, apesar do simplismo da formulação, não creio que seja exagero dizer que, para boa parte da poesia contemporânea – ao menos em português –, o *enjambement* – ou talvez fosse melhor dizer a quebra da frase, ordenada de modo diferente da convenção da prosa – é de fato o elemento distintivo.

De fato, basta abrir ao acaso revistas e páginas de poesia para verificar que a maior parte dos poemas perde pouco se disposta no papel ou na

---

3. Giorgio Agamben, "Desapropriada Maneira", prefácio ao volume *Res Amissa*, de Giorgio Caproni. O volume e seu prefácio foram publicados no Brasil com o título algo estranho *A Coisa Perdida – Agamben Comenta Caproni*, Florianópolis, Editora da UFSC, 2011. A parte referida está na p. 39. O grifo é meu.

tela como prosa. Não sendo a linha definida pelo metro, nem pelo ritmo usual da enunciação, nem pela conveniência da rima, sobram, para justificar o *rejet*, os pequenos suspenses entre uma linha e outra, as oscilações de classe gramatical ou de sentido. E é esse pouco que se perde ao dispor o texto em linhas contínuas.

Sendo assim, o leitor contemporâneo pode, muitas vezes, perguntar simplesmente: "por que ele está escrevendo assim?" Os efeitos do *rejet* justificam o desinteresse do resto? Ou a quebra da linha instaura outra forma de leitura, diferente da leitura que a prosa demanda? Ou seja: a pergunta sobre a forma da disposição é a pergunta pela situação de um texto num determinado gênero, pela forma de ler e de avaliar o que se lê.

No melhor dos casos, a quebra da linha é também a quebra da velocidade da leitura. E a quebra da velocidade da leitura permite não apenas a consideração da materialidade das palavras, mas também a valorização semântica de cada uma delas.

Por isso, outra variante da pergunta que um poema suscita é: "quem escreve dessa forma escreve algo diferente do que quem escreve da forma usual?" Ou ainda: "quem escreve dessa forma quer ser lido de modo diferente de quem escreve em linhas contínuas até o limite da mancha do papel?"

A quebra é sempre intencional, é claro, porque o poeta se ocupou de interrompê-la em determinado ponto, não deixando essa tarefa ao programa de computador ou ao acaso da largura do papel; mas a quebra também se faz de modo intencionalmente arbitrário – se podemos dizer assim – naquele tipo de poesia cuja forma ostensiva não é o verso – isto é, não é a linha quebrada em pontos diferentes ao longo da descida da leitura –, mas uma forma geométrica que se impõe ao ritmo dos segmentos frasais ou mesmo à construção sintática ou à articulação dos conceitos. São os poemas em formas de blocos, retangulares ou quadrados ou de outra geometria. Neles, não há a rigor verso. Nem há distribuição das palavras em forma de prosa. A iconicidade da não-prosa é levada ao máximo – o que é tanto uma reivindicação de poema quanto a linha do verso.

Ou seja, nesse primeiro nível de aproximação, a quebra não arbitrária da linha – que Agamben considera o único critério diferenciador – é um ícone, uma sinalização visual, antes de ser uma maneira de produzir sentido. É a indicação mais evidente do registro genérico em que o autor procura que seu texto seja lido – para confirmar as expectativas associadas àquele gênero, ou para contrariá-las. Ela diz "isto é poesia" na medida em que afirma "isto não é prosa".

Entretanto, a questão da diferença da poesia e da prosa é evidentemente mais complexa. Não se reduz à questão da quebra da linha.

Há textos que ocupam o lugar de poesia, que demandam leitura como poesia por conta do local de publicação (num livro de poemas, por exemplo, ou numa revista de poesia), ou da referência explícita à tradição poética. Como este, em que não é possível dizer que haja verso, embora haja repetição de células métricas tradicionais de sete e cinco sílabas:

MADRIGAL
gosto quando pões a quinta porque me tocas na perna com o nós dos dedos[4].

Sem o lugar de publicação (no caso, um livro de poemas) e sem a denominação, não se constitui o gesto irônico que incita a ler a frase contra o pano de fundo da lírica. Ou a buscar desentranhar da frase comum a métrica tradicional. Na verdade, sem a denominação e o lugar, um texto como este, que é apenas gesto – uma espécie de *ready made* –, não se constitui como poema.

A reivindicação do lugar da poesia para os mais variados objetos é uma tônica da modernidade, aguçada no tempo corrente.

De fato, nem o mais radical dos movimentos de vanguarda, nem o mais destruidor ataque à tradição abdicam dos nomes poesia/poeta/poema. O nome, assim, é não só o que mobiliza uma forma de leitura, mas também uma qualidade. Conquistar o direito ao nome é conquistar o reconhecimento da qualidade, do pertencimento, da inclusão. O que se diz ou o que se comunica ou ainda o que se faz num poema aparece frequentemente como algo secundário em relação à conquista do direito ao nome.

O prestígio tradicional do nome, porém, está comprometido. Vivemos em tempos não modernos. Para o Modernismo, a tradição fraturada existia como antagonista ou como objeto de desejo: os futuristas, buscando

4. Miguel-Manso, *Contra a Manhã Burra*, Lisboa, s. ed., 2008, p. 55.

156   CRISE EM CRISE

liquidar os últimos alicerces do velho museu, e o esforço do período entre guerras para recuperar, inventar ou construir uma tradição são as duas faces da mesma moeda, ou seja, do diálogo com o passado, que dava o tom da literatura e a definia como continuidade.

Ezra Pound com o seu "paideuma" exemplifica a angústia da época, na sua segunda vertente: selecionar o passado, organizar o legado do que parece bom. A autoconsciência e a postulação do lugar de charneira em que se colocava o poeta constituem a explicação para a tarefa: a não ser que aquela geração fosse decisiva, não faria sentido selecionar o passado para que o próximo homem ou geração encontrasse logo o que contava. Porque para o próximo homem ou geração, se fiel ao legado, o que importará será outra coisa. A ser uma tarefa contínua a de construir o paideuma, cada um é produzido com prazo de validade curto. Aos inventores de paideumas logo se sucederão os mestres e os diluidores de paideumas – para usar termos do próprio Pound. E junto com os mestres, se a coisa funcionasse bem, já outros inventores estariam explodindo o paideuma anterior. Eliot, por sua vez, propunha outro tipo de seleção e integração do passado no presente, por meio da ordem ideal das grandes obras, continuamente alterada pela chegada de mais uma ao panteão. Para ambos, para além das diferenças, a tradição era um objetivo e uma conquista; não só um patrimônio, mas uma construção contínua. E, sobretudo, referência central para o que se produzia no presente.

Agora, a tradição é um simulacro. O conhecimento dos *topoi* está morto ou não é compartilhado pelo leitor disponível. Ao mesmo tempo, a internet promove uma nova erudição, que altera a forma da produção e da leitura, multiplicando as referências intertextuais colhidas no Google, ao sabor da bolsa de valores da cultura. No que diz respeito à técnica da composição, as questões centrais para a tradição já não fazem sentido como aplicação, nem como referência viva – a eficácia comunicativa, a exemplaridade do uso da língua, a arte do metro e da rima. Por isso, não só o horizonte cultural de um poeta contemporâneo pode ser bastante limitado a umas poucas referências em moda, mas ainda o seu domínio do idioma pode ser deficiente e suas insuficiências reais facilmente absorvidas como "procedimento".

ANOTAÇÕES SOBRE ALGUMA POESIA

A consciência da perda e da anomia do presente aparece em vários registros. O mais simples é o resquício modernista: o enfrentamento da tradição pela ironia ou pela agressão. É a arte de chutar cachorro morto. O soneto, por exemplo, que foi a forma lírica por excelência ao longo de séculos, ainda é praticado de modo pouco interessante pelos neoparnasianos (e também, no Brasil, por Glauco Mattoso, cuja mistura de forma "alta" e conteúdo "baixo" rapidamente atingiu o nível da exaustão). Mas, em outros domínios do contemporâneo, continua sendo um índice daquilo que falta, e é curioso observar quantos poetas produzem hoje sonetos que de sonetos, no sentido completo da palavra, têm apenas o nome ou o número de versos ou ainda apenas o simples diagrama.

É o caso de Miguel-Manso, que, no volume referido, tem, além do "Madrigal", um "Soneto", composto de dezoito estrofes que variam de um a três versos de tamanho irregular. É também o caso de um poeta moçambicano, Luís Carlos Patraquim, que, em *O Osso Côncavo* (2008), publica um "Des-soneto" composto de catorze versos rimados, mas de medida variável. Por fim, é o caso mais radical do livro *Z a Zero*, publicado por Wilmar Silva em 2010[5]. Este último é interessante porque o livro consiste em 26 "textos" distribuídos em catorze linhas. As linhas consistem em 26 repetições de uma única letra por página, a que se seguem dois números em algarismos (que fazem o papel da rima), e da transcrição das consoantes que formam o nome dos números. Assim:

pppppppppppppppppppppppppppppp150 159 cnt cnqnt cnt cnqnt nv

O "soneto" a que pertence essa linha se chama κ, porque os títulos se distribuem na ordem inversa da letra que progride ao longo do livro: o primeiro soneto se chama z e o último a. No posfácio ao livro, Fernando Aguiar comenta as características formais e escreve:

Wilmar Silva pega numa das estruturas mais tradicionais e rígidas da poesia ocidental – o soneto – e trabalha-a com base numa linguagem contemporânea, fazendo com que não reste uma réstia de dúvida quanto à carga poética de *Z a Zero*. [...]

5. L. C. Patraquim, *O Osso Côncavo*, São Paulo, Escrituras, 2008.

158 CRISE EM CRISE

Mas a leitura também se poderá efectivar no sentido inverso, isto é, começando pelo poema A e terminando no soneto "Z", constituindo um ciclo interminável de leituras. Nesse sentido poder-se-á considerar que *Z a Zero* não tem princípio nem fim, podendo ser (re)lido infinitamente, numa abordagem cíclica crescente-decrescente tanto em termos alfabéticos como numerais[6].

Aqui todos os elementos estão presentes: a tradição da poesia ocidental, seu aproveitamento numa linguagem contemporânea e a carga poética que deveria derivar da apropriação da primeira pelo segundo. O raciocínio é que não se explicita: não resta dúvida quanto à carga poética por que se trata de uma atualização contemporânea de uma estrutura tradicional? A dúvida se elimina por conta do incorporado ou do que incorpora? Aparentemente, é a incorporação da tradição pelo contemporâneo que garante a carga poética. Mas podia ser o contrário: a destruição da tradição, assim reduzida a um mero esqueleto numérico, e sua completa dissolução na linguagem contemporânea.

De qualquer forma, tanto o livro quanto o seu posfácio exemplificam bem a consciência da perda, pois o que sobra, aqui como nos exemplos referidos, é o mínimo: o nome ou o número de linhas e o esquema das rimas. Do ritmo dos versos medidos e da estrutura lógica do soneto não há sinal.

A passagem do prefácio também nos permite abordar um ponto interessante e central. Diz o autor que o livro pode ser relido infinitamente. Mas por quem? E por quê? Uma vez apreendido o esquema, que leitor iria "ler" infinitamente esse conjunto de linhas e números, invertendo a ordem ao chegar ao fim, ou começando em qualquer parte, como sugere o posfaciador?

Pelo absurdo, esse exemplo nos conduz ao ponto que de fato interessa para discutir a poesia contemporânea, mas que fica ausente das reflexões centradas no texto ou no autor, mas que ocupava, de modo a produzir escândalo, o lugar principal no texto de Gombrowicz: o leitor – isto é, o interesse e o sentido da leitura.

---

6. W. Silva, *Z a Zero*, Belo Horizonte, Anome Livros, 2010. Não há número de página.

Já vimos como ao leitor é dirigido um apelo, por meio da forma ou da alusão à tradição: "leia-me como poesia!" Percebe-se também que essa questão logo se desdobra em outra, que é: "como você avalia o meu desempenho no que faço?" Faz parte da nossa modernidade que o leitor ideal fosse o que atendesse à primeira demanda e, algumas vezes, respondesse ao último convite. Ou seja, o bom leitor é o que aceita como tal o texto que se quer poesia – é a anomia produtiva da pós-modernidade – e que, buscando o seu "projeto", isto é, a sua forma de se articular na anomia que é a poesia contemporânea, avalie como ele se cumpre. Ou seja, o estético se esgota na verificação da coerência e da adequação de projeto, procedimento e produto.

Mas há uma outra pergunta que raramente o texto contemporâneo lança ao seu leitor. Uma pergunta tão elementar para este, quanto incômoda para aquele: "o que você acha do que tenho para dizer e estou dizendo?"

A simples apresentação da possibilidade de essa questão ser importante, quando enunciada neste texto, já deve provocar estranhamento. O que é compreensível, pois ela foi seguidamente desclassificada e relegada ao domínio não literário, da crença ou do comércio. É certo que o leitor pode recusar ou aceitar o que um poeta tem para dizer, mas essa é uma operação que o consenso contemporâneo tenta empurrar para o foro íntimo, que fica entre o domínio da pura simpatia ou da escolha de consumo. Não é um parâmetro avaliativo em vigor, e o leitor que confessasse que se aproxima de um livro de poesia tendo, entre outras, essa pergunta em mente provavelmente seria tratado com sarcasmo, condescendência ou desaprovação. Tudo se passa como se ao livro que tem o direito de se apresentar como poesia ela não se aplicasse – ou se aplicasse de modo subalterno, sem alcance público, sem espaço de exposição.

Foi-se o tempo em que fazia sentido para Pound perguntar ao seu leitor se ele se interessaria "pela obra de homens cujas percepções gerais estão abaixo do nível comum". Mas ainda não chegou o momento em que a avaliação literária se restrinja à contemplação do desempenho do poeta dentro das balizas por ele mesmo traçadas, nem à verificação de como um dado texto se posiciona em relação à tradição ou ao seu espectro.

A reivindicação do lugar da poesia carrega consigo uma questão incômoda: qual a importância de dizer isso em poesia? Porque é evidente que há vários lugares para deixar algo dito. Por exemplo, afirmar uma preferência sexual ou direitos de uma etnia ou minoria. Contar uma piada, fazer um trocadilho etc. Fazê-lo em uma forma que se postule ou possa ser reconhecida como poesia tem um sentido, busca no final das contas um valor – ao menos o valor de um lugar tradicionalmente prestigioso – que não pode ser tratado como se não existisse. Justamente, a reivindicação de ser lido como poesia reafirma – para o tema ou atitude – o seu direito a existir nesse domínio específico, do qual não se dissocia o prestígio do nome e do gênero.

Nesse ponto, vale a pena referir uma passagem de Michel Deguy:

O texto de um poema, a unidade de contenção mínima da escrita que se declara poética, pretende (e tende *a*) fazer a composição de dois impulsos:

I. O da homofonia (de modo muito geral), ou paronomásia, ou ainda iteração de semelhanças na sonoridade de determinada língua. [...] A questão do outro "Mas por que ele diz as coisas assim?", a resposta é: as coisas vieram assim; é a sua maneira de prestar atenção [...].

II. O-que-é-dito [...] e endereçado a, ou conteúdo, é o segundo ingrediente material. Alguma coisa aspira a ser dita, dita a *outros*: é a "mensagem", dizemos às vezes; verdade na garrafa que se joga ao mar... porque quer dizer. A definição da verdade não é que qualquer uma merece ser dita? [...]

Com esses dois impulsos, *reconhecemos o poema*[7].

Interessa sobretudo o segundo impulso: o que diz respeito a "o-que--é-dito" – a "mensagem". Não só se diz algo, mas se diz para alguém e se diz o que merece ser dito. Dentro dos termos em que viemos equacionando a questão: a aspiração ao lugar da poesia é também, no final das contas, uma aspiração ao lugar do fazer sentido, de dizer o que merece ser dito. Talvez mesmo, nesse sentido específico, o lugar da verdade.

Este me parece o ponto mais escuro do contemporâneo. Porque a pergunta crucial que tanto a crítica quanto a poesia contemporânea brasi-

---

7. M. Deguy, *Reabertura Após Obras*, Campinas, Editora da Unicamp, 2010, pp. 14-15.

ANOTAÇÕES SOBRE ALGUMA POESIA

leira de hoje parecem querer evitar é justamente esta: o que merece ser dito? O que, está claro, não é o mesmo que perguntar: o que precisa ser dito? Esta última pergunta pode ter uma resposta exclusivamente pessoal. Precisa ser dito o que eu acho do mundo, ou o que me incomoda e que, se eu não disser, continuará me incomodando – a poesia como remédio. Não há mal nisso. Mas é preciso reconhecer que é diferente perguntar "o que merece ser dito?", pois a base desta pergunta não é apenas estética, mas sobretudo ética – no sentido de que só a ética permite sustentar a afirmação de que qualquer verdade merece ser dita.

Ter uma verdade que mereça ser dita. O julgamento sobre o que é verdade é sempre subjetivo, mas o princípio é claro e dá direção à prática. E é a forma mais elaborada da questão do leitor: "o que ele tem para me dizer, que quer dizer em poesia?" Ou "por que ele está me dizendo isso em poesia?" Essas duras questões, que não só o leitor, como o crítico ou o estudioso que não queira ser apenas um catalogador servil têm direito (e mais que direito, eu diria: a obrigação) de fazer definem o que pode ficar além dos limites da vaidade e da diversão[8].

Nos domínios da herança construtivista, a resposta mais simplória é a insistência na exaustão do indivíduo, banalizada pela literatura pós--moderna: identificando ou temendo identificar a verdade com a aposta subjetiva, reduz-se a sua formulação ao domínio do confessional – como se o confessional fosse simples expressão e não construção. É o que se lê num poema de Antônio Cícero, intitulado "Merde de Poète":

Quem gosta de poesia "visceral",
ou seja, porca, preguiçosa, lerda,
que vá ao fundo e seja literal, pedindo ao poeta, em vez de poemas, merda[9].

Esse poema é exemplar da vulgata cabralina. A associação do visceral – ou seja, daquilo que poderia ser descrito também como dionisíaco,

8. Ou ainda da pura facilitação e oportunismo, como se vê em certa poesia de sucesso, de que não tratarei aqui e que conquista algum público por meio do rebaixamento do poema ao nível da tagarelice ou exibicionismo estilo Big Brother – o que nada tem a ver, está claro, com expressão ou construção de verdadeira subjetividade.

9. A. Miguel (org.), *Traçados Diversos – Uma Antologia da Poesia Contemporânea*, São Paulo, Scipione, 2008, p. 28.

lírico, confessional – à porquice e, sobretudo, à preguiça é mais uma glosa dessorada da vulgarização da defesa do papel heroico do poeta consciente. O quadro e a estratégia de choque não poderiam ser mais simplistas e reativos: a demanda do leitor por uma verdade individual é associada ao gosto do dejeto.

Paulo Henriques Brito, por sua vez, escreveu, na mesma linha, um poema intitulado "Um Pouco de Strauss", contra "versos íntimos, sinceros"[10]. Aqui também tudo o que temos é o gesto serôdio de negar o interesse da sinceridade, do intimismo, da poesia do "eu" – recorrendo para tal à palavra grossa e à associação da intimidade ao dejeto corporal. Mas esse poema dá um passo a mais: não há verdade na poesia de expressão porque o eu é uma "coisa falsa que se disfarça", nem graça nas "poesias melodiosas", que se reduzem a lenga-lenga estúpida e sentimental.

Como esses dois, há dezenas, atestando os ecos do construtivismo no Brasil. Juntos fazem um coro que condena as duas pontas de um processo de escrita e leitura que aparece como desprovido de qualidade, mas não de interesse e capacidade de pressão, como mostram as formulações agressivas. E é curiosa a coincidência do tom, das imagens baixas nesses versos declaratórios, profissões de fé – ou melhor, autos de fé em que se trucidam tanto a heresia de um leitor que demande conteúdo individual ou verdade pessoal quanto o poeta que busque ou não evite oferecê-lo.

O lirismo contemporâneo brasileiro, no quadro herdado da tradição cabralina, é um lirismo culpado e regrado por tabus. Em poucos poetas e poucos poemas o eu se oferece, frágil, como algo que se julga no direito de existir e buscar a palavra. De poucos poetas nos perguntamos: quem é a pessoa que escreveu isto, que vê o mundo assim? Por que ele prefere falar desta maneira? E quantos são poetas em que encontramos algo frente a que exclamamos: isso precisava ser dito – e precisava ser dito assim, em poesia!

Travado pela vergonha, pelo medo de se dirigir ao leitor comum e pela necessidade de trazer à vista os andaimes da construção – isto é, as

---

10. Paulo Henriques Britto, *Trovar Claro*, São Paulo, Companhia das Letras, 1997. *Apud* <http://www.blogdacompanhia.com.br/wp-content/uploads/2011/07/FLIP-2011-britto-poemas.pdf>.

ANOTAÇÕES SOBRE ALGUMA POESIA

marcas do "trabalho duro" e da especialidade – o exercício da lírica tende a desaparecer ou a ser combatido como inimigo do contemporâneo. Embora pertença a um texto referido aqui e ali, não parece ter calado muito fundo esta formulação de Adorno: "o autoesquecimento do sujeito, que se abandona à linguagem como algo objetivo, e a imediatez e involuntariedade da sua expressão são o mesmo".

No entanto, mesmo entre nós, como atestam autores como Ruy Belo, Herberto Helder, Sophia Andresen, Hilda Hilst, Daniel Faria, há formas consequentes de lidar com a tradição lírica no contemporâneo, com recurso ao ritmo da fala, ao ritmo do corpo e ao metro – no qual se consubstanciam as leituras desses ritmos, ao longo do tempo – e a outras formas de construir que não passam pelo programático e pela exibição dos princípios da racionalidade construtiva.

Do meu ponto de vista como leitor e crítico, esta é a tarefa premente da contemporaneidade brasileira: enfrentar o consenso, que se torna mais forte na medida mesma em que a tradição deixa de ser a alteridade que nos pressiona desde o passado e não funciona mais como substrato comum de referências e expectativas entre o leitor e o autor. Consenso esse que faz hoje da tradição algo inócuo, que apenas fornece material para glosa e piada, ou algo sagrado (e perdido), só recuperável pela celebração ritual – e que promove a negatividade facilitadora, que recusa no final das contas o confronto com as contradições do presente e a pujança de outras formas de produzir emoção e ideias (como a música, o cinema, o romance, entre outras), refugiando-se numa afirmação da distância que não consegue disfarçar a impotência.

A contenção, o rigor, o controle do processo de produção do poema, a insistência no caráter estrutural do livro são apenas alguns aspectos dessa guerra ao diferente. O desprezo pelo "fácil", pelo "informe", pelo "visceral" ou pelo "inspirado" decorre da necessidade não só de valorizar o poema como fruto de um trabalho, mas de afirmar a natureza objetiva, controlada e controladora desse trabalho. Não se trata do trabalho que se processa no poeta, mas do trabalho do poeta. Não se trata da forma que a linguagem assume no poeta, a partir da sua formação e experiências, mas da linguagem controlada pelo poeta como o metal é controlado pelo fabricante de adereços. Ou seja, trata-se da afirmação do produto. No limite, da valorização da mercadoria – invendável, mas sempre mercadoria.

Já vai longe o momento em que Bandeira podia sonhar com um poema inteiro e confessar que o fizera em sonho. Mesmo que os poemas possam continuar a nascer de maneira "inspirada" para muitos, sua apresentação hegemônica pressupõe que se valorizem o planejamento, o trabalho, o controle. Mas, embora o vocabulário seja aproximadamente o mesmo utilizado nos anos de 1950 por Cabral, não é a mesma a questão para a qual hoje ele é mobilizado. Para Cabral, estava em pauta a função moderna da poesia – que, no seu entender, implicava a necessidade urgente de promover a comunicação do poeta com o público. Isto é, de reconhecer o leitor contemporâneo e falar para esse leitor. O trabalho do poeta era um antídoto ao que ele julgava ser o solipsismo dos integrantes da sua geração, que não enfrentariam a complexidade do mundo contemporâneo, no qual a poesia (tal como então praticada) não tinha lugar. Ou seja, era uma proposta de dissonância do que era a regra, com o objetivo de aproximar o poeta do público por meio da produção de um objeto inteligível e adequado à vida moderna.

Na mesma época das conferências de Cabral, Gombrowicz, como vimos, apontava como causa do desinteresse da poesia contemporânea a circularidade da produção e da recepção – e a celebração da palavra poética e do estatuto poético como assuntos preferenciais do poema. Em ambos, a questão do interesse público pela poesia era central.

Do texto de Gombrowicz não se deduz facilmente nenhum caminho para eliminar o desinteresse da poesia moderna. Já da fala de Cabral, sim.

Para Cabral, a contemporaneidade estava dividida entre dois modelos de poesia, dois tipos de poeta: o "inspirado" e o "construtivo". A radicalização de qualquer desses tipos, embora Cabral tomasse o partido dos construtivos, conduzia ao isolamento e à exclusão do público. O solipsismo e o artesanato furioso, que conduziriam ao "suicídio da intimidade absoluta", não são respostas à altura do desafio de encontrar uma função para a poesia no mundo moderno. Pelo contrário, são limites, obstáculos. O ideal do poeta está claro na utopia de uma "época de equilíbrio", já passada, que julga não recuperável, a não ser por aproximação.

(Aproximação essa que, no momento, pareceu-lhe ser menos agredida pela objetividade construtiva do que pelo subjetivismo inspirado.) Nessa postulada idade de ouro da poesia, "o trabalho de arte inclui a inspiração", as regras da composição são explícitas e universalmente aceitas, "a exigência da sociedade em relação aos autores é grande" e, por isso tudo, a comunicação é objetivo central da prática literária.

A questão da comunicação – tão importante para Cabral – parece ter afundado no esquecimento. Aceito como condição definitiva o que era diagnosticado como etapa a ser superada, parece ter havido no Brasil não apenas uma resignação à falta de público, mas inclusive uma identificação entre o desinteresse público e a qualidade, ou entre a recusa do público (suposto) e o caráter atual de uma prática. Ou seja, não é por a poesia não buscar a comunicação que o seu público contemporâneo se vê constantemente reduzido aos próprios poetas. Pelo contrário, a redução do público, neste momento, é quase um componente da própria definição de poesia contemporânea. Não é um efeito, é antes um objetivo. Ante a profusão de poetas, o pequeno público seleto define o produtor seleto, assim como o amplo público define o produtor "vendido" ou banalizado ou concessivo. Que essa forma de pensar não valha para a prosa, mesmo se escrita pelo mesmo autor, é um ponto que mereceria mais comentários.

O curioso é que nessa recusa a dar voz ao leitor comum – a responder pela relevância do que se diz – se irmanam tanto o tardo-vanguardismo persistente, quanto a angustiada reivindicação de direito à poesia a qualquer custo – para não falar dos remanescentes parnasianos.

Nesse quadro, a desconfiança em relação a alguém que se proponha a dizer algo que julgue merecer ser dito, alguém que se proponha a dizer algo para alguém localizado fora do círculo fechado dos poetas-leitores--de-poetas, é esmagadora. Recusado um horizonte mais amplo de reflexão sobre o que merece e o que precisa ser dito em poesia, ter algo a dizer é flertar com a autoajuda ou o proselitismo, segundo o senso comum dominante. Não ter nada a dizer, ou nada querer dizer de modo convincente não é perigoso – pode mesmo ser uma segurança, num ambiente em que o repertório é baixo e a tradição é apenas uma ideia vaga, um catálogo de temas e procedimentos ou um trampolim.

A esta breve provocação, porém, não interessa alongar os exemplos e questões, mas apenas, com base nesse quadro sumário, afirmar uma crença. E é esta: descobrir os caminhos para não se comprazer no problema como se ele fosse a solução e, pelo contrário, enfrentá-lo com armas mais eficazes do que a celebração da singularidade do poeta e do seu isolamento orgulhoso (que pode facilmente descambar para o virtuosismo técnico ou para o exibicionismo vulgar de cultura): essa é a difícil tarefa que se apresenta aos poetas brasileiros neste começo de milênio. Agora como há sessenta anos, e talvez com até mais urgência nestes tempos de *web* e de publicações virtuais, urge pensar novamente a função da poesia.

17

Notas Sobre Poesia e Crítica de Poesia[1]

Aparentemente pouca gente lê poesia hoje. Os editores reclamam que o gênero não vende, as livrarias raramente têm um vasto repertório, nos jornais o espaço é cada vez menor, e até em revistas de pendor cultural a presença da poesia muitas vezes se restringe à publicação de um inédito nas páginas finais.

Na universidade, a julgar pelas que conheço, o lugar da poesia não é tão pequeno, mas tampouco é grande. Quase sempre, é muito inferior ao que ocupa a prosa de ficção. E parece diminuir a cada ano. A poesia termina por ser matéria de uns poucos – ao contrário da prosa, território em que todos parecem sentir-se autorizados e à vontade.

Mas o que mais causa espécie é que mesmo em boas universidades tenho encontrado cada vez mais colegas que não hesitam em dizer, quando a situação se apresenta, "não entendo de poesia" (embora poucos tenham a coragem de dizer o que se percebe: que não gostam de poesia). O não entendimento ou o desinteresse também pode manifestar-se por meio das glosas usuais e defensivas: "não sou especialista e por isso não posso julgar", "embora não saiba muito de poesia, gosto de ler isto".

---

1. Texto lido no XI Seminário de Estudos Literários, promovido pela FCL/Unesp/Assis, em 24 de outubro de 2012. Publicado originalmente no site *Cronópios*.

A minha reação primeira sempre foi de desconcerto perante tal estado de coisas, porque não são leigos ou estudantes os que dizem isso, mas intelectuais com experiência de estudo e de ensino, doutores em literatura, formados nas melhores universidades, muitos com trânsito e experiência internacional.

É certo que dificilmente na universidade alguém diz algo como "não entendo de poesia" se o assunto é *Os Lusíadas* ou a *Odisseia*. E também diminui o contingente dos constrangidos, se o tema é a poesia modernista, por exemplo. Ou seja, parece que quanto mais historizado o objeto, menor o desconforto. E, consequentemente, maior é esse desconforto à medida que o objeto se avizinha do presente.

Se este testemunho for ratificado por alguns dos aqui presentes – como julgo que será – já temos um problema interessante para discutir: em que medida, já que um professor de literatura é um especialista, a poesia contemporânea vem sendo vista como domínio de hiperespecialistas? Ou ainda, em decorrência da primeira formulação: que tipo de hiperespecialidade se espera do leitor de poesia, que muitos professores universitários de literatura julgam não possuir?

Uma resposta conciliadora, que daria talvez conta parcial do problema, é dizer que a poesia exige mais domínio da tradição própria do gênero do que a prosa de ficção, no qual a tradição, além de possuir menor arco temporal, nunca teve a mesma importância como forma de produção de sentido. Quero dizer: a parte técnica da poesia poderia exigir uma especialização que a prosa não exige. Isso poderia explicar parcialmente a recusa à poesia como matéria de aula por alguns, que se julgam não especialistas. Mas é evidente que tal resposta não satisfaz, pois é justamente aquele tipo de poesia em que a tradição é dominante, em que o verso e as formas poéticas são codificadas, que menos constrange o leitor e o professor de literatura. E, complementarmente, é justo quando as formas fixas e o verso perdem a centralidade que a insegurança se instala.

Então, qual a dificuldade de compreender, de falar de poesia? Em que consiste a especialização necessária, cuja falta tão repetidamente é tematizada?

Seria apenas por que a prosa de ficção usualmente conta uma história e a poesia a maior parte das vezes não conta? Isso explicaria que as pessoas que se sentem impotentes perante a poesia lírica não se sintam tanto em relação à poesia épica. E explicaria principalmente a ideia de que a prosa requer menos especialização que a poesia, pois todos nos sentimos aptos a comentar histórias, bem como a discutir os aspectos técnicos mais simples de um texto em prosa: narrador, personagens, enredo, peripécia. E também o romance traz usualmente ganchos para fora: chamadas ao contexto, tematização de eventos históricos, submissão dos fatos à checagem do verossímil etc. Assim, parece possível começar a falar da prosa de ficção a partir "de fora", isto é, abordá-la a partir de uma questão que ela apresenta ou que ela evita. Já com a poesia – especialmente a moderna e contemporânea – é menos fácil: formular uma interpretação de um poema a partir de uma postulação contextual ou por meio da paráfrase é condenável, segundo os moldes críticos atuais.

A diferença parece residir, portanto, no substrato mimético. Toda a nossa tradição, desde Aristóteles, é fundada no drama. A ideia de imitação de ações é central. Por isso mesmo, à lírica sempre se reservou um lugar lateral na poética de base aristotélica. Ao tratarmos da prosa, o mundo (para dizer com as palavras comuns da tradição) é um ponto de vista externo, um suporte que faz girar a alavanca. Não é por outro motivo que a narrativa é o conceito que une, sob a denominação de épico, o romance e a epopeia. E é pelo mesmo motivo (a postulação mimética) que, embora o drama não tenha a mesma forma de apresentação da épica, são comuns os conceitos operacionais empregados na descrição e no comentário dos dois. Refiro-me a termos como ficção, verossimilhança, originalidade, enredo, personagem, tempo, espaço, caráter e – claro – representação.

É certo que há outro ponto de vista externo, outra história que preside à compreensão do romance ou da épica: a história do gênero, a evolução da forma, a remissão de uma obra da série a outras que a precederam. Aquilo que denominamos, por exemplo, "história do romance". Mas mesmo essa história da forma é constantemente colocada em função do objetivo mimético: seja por meio da narrativa de uma progressão, como é o caso de *Mimesis*, de Auerbach (que traça uma história da unificação do discurso, contra a separação dos registros na representação do baixo e do alto), seja por meio de uma narrativa catastrófica, na qual a prosa se volta contra a mimese, para melhor mimetizar o contexto social em que ocorre.

Já no caso da lírica, especialmente da lírica moderna para os leitores modernos, a história do gênero é quase tudo. É certo que há recorrentes postulações e avaliações miméticas também com respeito à lírica. E não só nos poemas "participantes" – isto é, programaticamente voltados para a discussão do social –, mas em textos que podem ser vistos como pequenos *sketches* narrativos, de potencial alegorizante – como é o caso da poesia que mais atrai a atenção de críticos de orientação marxista.

Mas, a não ser em casos muito especiais, a demanda mimética em relação à poesia produz uma zona de sombra em que se recolhe a maior parte da produção moderna. É nessa zona de sombra que se colocam, por exemplo, os poemas que são, em algum grau, pelos partidários da prosa e da mimese, acusados de solipsistas, formalistas, confessionais ou intimistas. Os poemas mais propriamente líricos, no sentido de não possuírem uma narrativa como espinha dorsal.

A tonalidade afetivo-expressional não combina com a luz crua da demanda mimética.

Esse é, provavelmente, um dos motivos de a poesia parecer sempre trabalho para hiperespecialistas: na dificuldade de estabelecer as mediações miméticas, o conhecimento da tradição literária seria o arrimo necessário. Ou seja, como o contexto social apenas fornece parâmetros amplos e pouco convincentes, o discurso histórico sobre o gênero passa a ser o mais relevante, como forma de entendimento, explicação e valoração.

"Não entendo de poesia" significaria, então, nesse quadro, "não conheço (ou não me interessa muito) a história do gênero". Mas como a história do gênero épico (compreendendo aí a epopeia e o romance), embora não tão essencial para a leitura de romances, nunca deixa de ser chamada ao palco para explicar alterações da linguagem ou da organização geral do texto, talvez o melhor seja mesmo radicar uma parte do desconforto causado pela poesia moderna na dificuldade de lidar com uma obra de arte não mimética, ou não predominantemente mimética.

Talvez possamos avançar um pouco nessa especulação se considerarmos outro fator de hiperespecialização, que ganhou força a partir do começo do século xx: a análise formal. De fato, desde a estilística até o triunfo do estruturalismo, na universidade comentar um poema passou a ser basicamente comentar a forma linguística do texto, suas recorrências sintáticas, sonoridades, jogos imagéticos, figuras de linguagem. O modelo extremado desse tipo de análise é a leitura que Jakobson faz de um poema do livro *Mensagem*, de Pessoa – justamente uma das suas obras poéticas de escopo mimético mais evidente –, extraindo-o do contexto do livro e tratando-o quase como uma série de variações sobre uma fórmula algébrica.

Já se acreditou, talvez justamente pelo caráter não mimético da lírica, que seria possível fazer a crítica das obras sem nomear os autores, nem situá-las e a eles no tempo. Como também se julgou possível descobrir um vetor de evolução das formas, que permitisse elaborar uma antologia de obras sem identificação de autor e sem levar em conta o tema. Isso, porém, logo se revelou impossível, pois linhas de continuidade e ruptura se desenham umas sobre as outras e para torná-las minimamente operacionais a crítica necessita interpretar cada poema como um gesto contra um pano de fundo (a tradição e suas atualizações particulares) que lhe dará sentido amplo. Ou seja, desse ponto de vista, a lírica moderna teria um caráter algo performático. Além disso, porém, desde que a poesia começou a ser apresentada junto com textos programáticos, é preciso levar em conta um elemento básico de articulação não só dos discursos dos manifestos, mas também da estruturação dos textos: a reivindicação de modernidade, de atualidade – que frequentemente vem associada à negação da mesma reivindicação feita por concorrentes.

O valor, assim, passa a ter mediação histórica forte e explícita. A modernidade deixa de ser um dado *a posteriori*, algo que se constata em um texto como atualização particular de uma fatalidade, e passa a ser um objetivo, uma meta. Dizendo de outra forma, é como se a modernidade não fosse condição, mas o resultado de um projeto consequente.

É certo que isso traz para primeiro plano a angústia típica da poesia moderna e contemporânea: o risco de ser apenas uma imagem do passado, um resquício, uma prática consuetudinária. Boa parte da poesia moderna e contemporânea, no Brasil ao menos, está sempre às voltas com a questão da sobrevivência do gênero. No limite, a discussão gira não apenas em torno da função moderna da poesia, mas da necessidade ou pertinência da prática poética no mundo dominado pela indústria cultural e pelos meios de comunicação de massa.

Não é por outra razão que a história da poesia moderna no Brasil tem sido escrita sob a óptica de um contínuo esforço de atualização do repertório ou dos recursos formais. E a dificuldade de afirmar o valor moderno aparece em toda parte, especialmente na heroicização dos movimentos de suposta atualização ou antecipação do futuro: Modernismo da fase chamada heroica, Concretismo da fase denominada ortodoxa.

A narrativa posterior, por sua vez, a história, busca as linhas de avanço, os esforços de atualização e indefectivelmente – por força da determinação do discurso narrativo – termina por ser simultaneamente o elogio da adequação e o ataque extemporâneo aos adversários eleitos no calor da hora. David Perkins já chamou a atenção para esse procedimento, que não deixa de causar espanto ainda hoje, quando lemos, por exemplo, tantos historiadores e críticos (normalmente muito afáveis na sua relação com os contemporâneos) maltratarem, com os mesmos termos utilizados pelos vencedores modernistas ou concretistas, os parnasianos e a Geração de 45. Ter os derrotados como *sparrings* é uma estratégia de afirmar o valor da atualização, de revestir de necessidade histórica um conjunto de procedimentos, temas ou atitudes.

O leitor crítico previsto não só pelos praticantes da arte, mas também pelos que traçam a sua história nos manuais ou no interior da universidade é, portanto, um leitor capaz de, conhecendo a história do gênero, identificar o cerne da modernidade com a tradição da ruptura, entendida, conforme já disse acima, como um esforço de adequação, de atualização do presente, quando não de antecipação do futuro. O conhecedor de poesia é, desse ponto de vista, também um leitor empenhado na afirmação de que a poesia tem lugar necessário ou ao menos justificável na modernidade e que esse lugar não pertence naturalmente a todo texto que se denomina poesia.

Mas a verdade é que não há uma única história, no sentido de um único vetor de evolução. Há várias: os vários veios em que se dividiu a poesia depois da falência do sistema clássico, a partir do Romantismo, desenvolveram-se em paralelo e em disputa constante. E é a demanda de justificação da poesia na modernidade que parece exigir a operação crítica mais usual, que é a de propor qual seja a tradição viva, entre as tantas heranças de que o presente se constitui.

Basta considerar aqui, para compreender o procedimento, um livro muito influente, que tentou dar uma direção única à poesia que de fato contaria para a modernidade do Ocidente: o de Hugo Friedrich. De meu ponto de vista, seu sucesso se deve à sua forma simplificada, à operação radical que realiza, pois graças a ela esse livro constitui uma espécie de tábua de salvação no mar da multiplicidade, operando a exclusão de enormes contingentes da lírica que se produziu na modernidade, de obras plenamente legitimáveis de outro ponto de vista ou do ponto de vista dos leitores menos empenhados no estudo da tradição em busca de um veio redentor.

Hoje não é difícil ver os limites dessa obra empenhada na promoção de uma vertente, pela subsunção da modernidade num determinado conjunto de autores e obras que se podem arrumar numa narrativa de vetor evolutivo. Isto é, pelo apagamento da modernidade de linhas concorrentes de desenvolvimento pós-romântico da lírica. Mas ainda hoje esse livro é, no Brasil, uma espécie de breviário acadêmico de largo emprego. Produz-se assim um aparente apaziguamento ao preço da simplificação. E do desinteresse, pois se a linha da modernidade, se a estrutura da lírica moderna se reduz à linha equilibrada na figura de Mallarmé, então o enorme contingente de textos de poesia publicados desde o final do XIX e que não cabem nesse traçado passa a ser apenas uma sobrevivência, um resquício sem maior relevância de um momento encerrado.

De fato, basta afastar um passo e olhar por sobre a linha demarcatória traçada por um tal discurso para ver o preço que Friedrich teve de pagar para afirmar a evolução e a convergência. Preço que nos revelam, por exemplo, Michael Hamburger e Alfonso Berardinelli.

Dado o caráter algo monolítico do entendimento da poesia no Brasil, isto é, dado o fato de que, por fatores vários, reinou hegemônica a tradição formalista, orientada pelo elogio da ruptura e pelo vetor evolutivo em direção ao presente e ao futuro, pela postulação da necessidade de atualização como forma de evitar o anacronismo e a morte do interesse pela poesia –, o "não entendo de poesia" pode, entre nós, ter dois sentidos, duas direções.

Por um lado, pode ser uma forma de submissão ao que se ensina majoritariamente na universidade – isto é, basicamente, a lição de Friedrich (que não leva em conta ou não dá conta, por exemplo, da poesia de Auden ou do último Eliot). Nesse caso, entender de poesia significaria saber situá-la nesse preciso quadro de leitura e valorá-la pela sua posição nele – o que não interessa a quem diz não entender de poesia. Por outro lado, dizer isso também pode significar que a essa pessoa não interessa a poesia moderna e contemporânea subsumida nessa vertente, não interessa essa forma de vê-la e valorá-la – que, entretanto, lhe aparece como legítima ou difícil de contestar. Caso contrário, em vez de dizer que não entende de poesia, tal hipotética pessoa poderia dizer algo como: a poesia moderna que me interessa é a aquela da qual entendo.

Esta última formulação hipotética do que poderia dizer um leitor culto diante da tradição de leitura universitária permite especular sobre um ponto frequentemente obscurecido nos debates sobre poesia: o direito ao gosto educado. Ou seja, a valorização do lugar do leitor, do espectador – aliás, o grande vazio na poética da mimese definida por Aristóteles e vigente até o Romantismo.

Aqui, a comparação com o que sucede com o romance ou o conto (as formas de origem romântica por excelência) é interessante. Um romance de sucesso de público e de crítica não é um contrassenso, nem é difícil de encontrar. Um livro de poemas sucesso de crítica e público é mais raro. Ou porque o público seja escasso, ou porque a eleição pelo público não especializado lance desde logo um traço de suspeita sobre o valor real. Tudo se passa, de fato, como se o julgamento sobre a poesia estivesse sempre fora do alcance do leitor, ainda quando este seja um leitor culto ou mesmo especializado em literatura. Em muitos círculos influentes (e também na vulgata acadêmica e para-acadêmica) à poesia se reserva atualmente, como um mantra, a ideia de que deve

NOTAS SOBRE POESIA E CRÍTICA DE POESIA

ser *contra*. Não somente "finalidade sem fim", como na formulação clássica, nem apenas inútil, como na formulação decadentista, mas ativamente contrária ao leitor não especializado. Uma poesia que, na verdade, precisa da recusa do leitor, vangloria-se de ser capaz de absorver os seus movimentos de rejeição num quadro teórico refinado, em que o fantasma do anacronismo involuntário campeia ao lado da desconfiança de qualquer adesão. Nos idos do século xx, esse movimento se justificava como antecipação do futuro e confiança no papel das elites (e da docilidade ou despreparo das massas): "a massa ainda comerá do biscoito fino que fabrico", dizia Oswald de Andrade. Mas agora, quando não só o futuro da poesia, mas inclusive o seu presente aparecem frequentemente sob ameaça, como escapar da negação como forma meramente reativa, além de solipsista?

O afastamento do público e da crítica, por outro lado, se compensa pelo público hiperespecializado, e por isso mesmo restrito. O público eleito pelo poeta, situado ou na sua *entourage* imediata ou ainda por nascer. E o argumento que se ergue é o da substituição da quantidade pela qualidade. Como se o movimento circular pudesse bastar-se como defesa contra o desinteresse externo, do qual precisa, porém, como adversário e justificativa. Sem o desinteresse do público – ou sem o interesse do público por outro discurso, que será acusado, por isso mesmo, de anacrônico, populista ou facilitador – não há como afirmar a singularidade, a atualidade e, palavra mágica dos tempos, o rigor.

Vem daí talvez a postulação mais curiosa e radical destes tempos de anomia crítica: a de que os únicos autorizados a falar de poesia sejam os poetas, isto é, os que estão envolvidos não só com a prática da poesia, mas nos combates que lhe dão vida ou sobrevida nos círculos restritos aos especialistas. E aqui não posso deixar de referir o caso de um poeta português que tentou invalidar a minha edição da *Clepsidra*, de Camilo Pessanha, com o argumento de que só um poeta (no caso, ele e outros como ele) poderia compreender e editar outro poeta. E eu, que ele julgava um deserdado do verso e da metáfora, simples professor universitário, nada teria a dizer ou a fazer com a poesia. O caso vem à baila porque, pelo aspecto caricato, revela a extensão improvável do preconceito: atribui-se apenas aos poetas o direito de falar da poesia de qualquer época, e não apenas da poesia contemporânea.

Mas, ao mesmo tempo, os poetas não são os leitores mais compreensivos uns dos outros. Michael Hamburger declara em 1982, no pós-escrito ao seu livro, que deixou de fazer crítica de literatura contemporânea "de modo a permanecer à margem da guerra de gangues que passa por crítica das novas obras nos jornais". Hoje, os jornais já não dão espaço às gangues, mas elas migraram para editoras, *blogs*, revistas virtuais ou em papel, Facebook e outras formas contemporâneas da vida literária. O espaço da crítica de poesia terminou por praticamente se restringir aos próprios poetas e a guerra de gangues domina o parnaso contemporâneo.

O que apenas torna mais evidente a disputa pelo contemporâneo, que se manifesta num procedimento tão curioso quanto comum: a negação do título de poeta ao adversário da vez. Assim, ao primeiro sinal de divergência, surge a acusação: Fulano não é poeta, ou Fulano foi poeta e não é mais, ou ainda Fulano (apesar de uma dúzia de livros publicados) nunca foi poeta. A acusação absurda, pois até segunda ordem é poeta quem escreve poemas, surge brandida por escritores notáveis, o que faz imaginar que ao dizer "Fulano não é poeta" o que esteja em causa seja, mais do que uma certeza sobre o que seja um poeta, uma acusação de falta de modernidade, de inadequação ao tempo ou de não pertencimento a uma tradição. Isto é, "Fulano não é poeta" significa que ele não participa do verdadeiro. Portanto, em decorrência, fica excluído (com os demais não-poetas) do público hiperespecializado capaz de avaliar a poesia. Os anátemas recíprocos, exatamente por isso, mesmo quando provêm de uma certeza íntima de quem fala, apenas agudizam a dúvida sobre a necessidade da poesia e sobre os limites do que pode ser considerado contemporâneo, isto é, vivo – num raciocínio segundo o qual o que não é contemporâneo é apenas resquício, coisa sem vida ou sem função.

Que a crítica aceite o anátema é outro problema. Mas que aceita, em graus variáveis, é fácil de perceber. Sejam testemunhos o "não entendo de poesia", com que se defendem mesmo leitores cultivados, e a pequena produção crítica de não poetas sobre poesia contemporânea que não se restringe a mapeamento "neutro" ou simples promoção e *marketing* indireto.

E, no entanto, a poesia continua na ordem do dia, entre nós, de duas formas. A primeira é, digamos, quantitativa. Trata-se da produção generalizada. Nesse particular, minha impressão é que nunca tanta gente veio a público com versos ou não versos ou antiversos ou poemas sem verso. A tecnologia responde pelo *boom*. Além da simplificação e do barateamento da produção do livro em papel, o custo mínimo ou nulo da difusão eletrônica estimula a multiplicação dos *blogs*, das revistas literárias eletrônicas, das páginas pessoais, dos grupos de discussão, das listas moderadas ou não moderadas. Mas também a anomia e a falta de crítica e de educação literária têm grande peso nesse crescimento da massa dos poetas. Porque é fácil constatar que muitos poetas têm dificuldades básicas com a língua literária. Essa talvez seja uma explicação pessimista para a persistência e a ampliação da prática da poesia: o domínio da língua, a perícia necessária para produzir um conto ou um romance, é a barreira que confina uma parte dos aspirantes a escritores (e mesmo parte dos veteranos) ao domínio da poesia, ou, se não tanto, ao domínio da não-prosa. Já neste, por conta da anarquia conceitual e da recusa do julgamento, as deficiências podem passar por estilo, a fatalidade por escolha, o jeito canhestro por inovação, o curto alcance cultural por opção política ou literária.

Ao mesmo tempo, no seu registro alto, a poesia continua a ser o ponto mais sensível da vida literária. Tanto no que diz respeito à demanda de recepção hiperespecializada, quanto no que diz respeito à energização do campo, com os combates múltiplos e variados, com ou sem nível intelectual, mas sempre animados por uma paixão que a propalada gratuidade ou inutilidade da poesia, bem como o reduzido interesse econômico em jogo não fariam suspeitar. Aqui, contrariamente ao domínio da prosa, onde a mediação de um mercado ativo e crescente parece favorecer a formação de guildas de produtores pouco interessados na crítica dos concorrentes, com base no "há espaço para todos" – aqui, a guerra é sem quartel.

Talvez isso se deva à própria ambiguidade do campo poético como espaço onde cabem tanto o anseio de produzir objetos capazes de inovar num mundo dominado pela cultura de massa, quanto o projeto de manter a memória do artesanato de alto nível. De qualquer forma, se por não ter mercado a poesia pode projetar para si uma recepção mais restrita e qualificada, é também verdade que seu movimento último é, como já disse, de não abrir espaço ao gosto cultivado como critério de julgamento.

Sem crítica (confinada a sua forma legítima ao domínio dos hiperespecialistas ou dos próprios poetas) e sem apreço pela resposta do leitor (quantas vezes vemos glosada, cada vez em registro mais baixo, a vontade de agredir supostos vezos românticos ou parnasianos ou qualquer outra coisa do ausente leitor, que só é presente para ser agredido e reduzido ao ridículo?), a poesia contemporânea, no Brasil, é um *shadow boxing*, isto é, um exercício de luta contra a própria sombra.

Já a crítica, na medida em que aceita a expulsão decretada pelos poetas e seus celebrantes preferenciais, é, no melhor dos casos, um espectador do exercício autotélico ou, no pior, um cúmplice involuntário, pela omissão, da exclusão do leitor – de que ela, no final das contas, deveria ser a voz.

Entretanto, vejo agora, também sou em parte vítima do que tento denunciar. Pois não é verdade que, apesar desse aparato conceitual e de toda a forma de funcionamento do campo, não é verdade que há poetas que conseguem estabelecer o diálogo com o público e oferecer uma voz pessoal, no meio da gritaria programática geral? E sem concessões ao *reality show* para o qual também na literatura hoje se apela como forma de adulação e conquista do público despreparado? Não foi esse o caso de Paulo Leminski? E de Roberto Piva? E não é ainda esse o caso de tantos outros, que ficaram à margem das prescrições e dos manifestos, ou buscaram fugir às imposições programáticas do tempo, como Hilda Hilst? E não seria a ausência de programa e de movimento exclusivo o que irrita ainda hoje tantos contra Carlos Drummond de Andrade?

De modo que, ao traçar este panorama, terminei por reduzir a minha análise justamente àquilo que, do meu ponto de vista, seria preciso combater, pelos motivos que expus. O que é uma prova simultânea da força persuasiva e entranhada historicamente do adversário e da necessidade de levar adiante o combate.

18

Considerações Sobre Crítica de Poesia Contemporânea[1]

Uma das vantagens da aposentadoria é poder rever a forma do discurso que nos habita quando estamos imersos no dia a dia da vida acadêmica. Na verdade, tenho para mim que essa possibilidade é tão recompensadora quanto outras, mais geralmente reconhecidas, como a de poder ler o que quiser no tempo que quiser, poder ouvir música tanto quanto apetecer, viajar sem preocupação com o texto do congresso, ou, por fim, a de não ter nenhum compromisso burocrático ou tese ruim para preencher o dia ou a semana.

Uma das prováveis desvantagens é que a obrigação de atualidade crítica esmorece, o que pode fazer o discurso que se acredita livre ser apenas desatrelado da realidade por uma defasagem de percepção. O que talvez ainda não seja o caso, pois o panorama cultural tende a mudar com mais lentidão do que o nosso estatuto funcional.

Feita esta observação, que é também um prematuro pedido de desculpas pela forma pouco acadêmica desta comunicação, queria começar por dizer que, desde há algum tempo tenho encontrado interesse em observar a configuração do leitor que parece estar prevista num texto. Talvez por culpa das leituras do meu primeiro período na Unicamp, sempre tive

---

1. Texto publicado na revista *Signótica*, n. 1, 2016.

interesse em aplicar a um dado texto literário as clássicas perguntas que definiam a relação entre o falante e o ouvinte, segundo Pêcheux[2].

De fato, nos últimos trabalhos que fiz sobre poesia, achei desafiador aplicar aquelas questões, mas sobretudo esta, mais simples: a quem se dirige o poeta contemporâneo brasileiro? Ou, mais especificamente: que imagem de leitor se pode inferir a partir dos textos de um livro e do aparato paratextual de um volume? E ainda, apontando para a constituição da figura autoral: quem sou eu (e quem ele supõe ou deve supor que eu seja) para que possa falar dessa forma?

Na verdade, a questão do auditório previsto tem me parecido de grande importância neste momento, porque a existência de um público apto à decodificação da poesia é crucial para a definição mesma do gênero, pois a reivindicação do estatuto de "poesia" passa pela necessidade de contar, no leitor, com um mínimo de familiaridade – quando não seja pela efetiva prática da leitura, ao menos por uma memória puramente escolar – com a tradição poética. Ao mesmo tempo, é difícil não ter em mente que a leitura da poesia está cada vez mais ausente de um cotidiano em que a capacidade de ler tende à universalização. Ou seja, cada vez mais o público de poesia representa uma porcentagem menor em relação ao público leitor em geral. Do que decorre que, entre a experiência poética do autor e a do amplo espectro do público alfabetizado, é cada vez menor a zona de intersecção. E se pensarmos que, neste momento, nestas primeiras décadas do século XXI, a poesia vem perdendo inclusive seu último imperativo de universalização, que é a escola, parece razoável pensar que o universo dos leitores (e principalmente o dos leitores com repertório significativo de leitura de poesia) tende a se reduzir ao dos autores – e sem expectativa convincente de ampliação futura.

Não vou hoje, porém, tratar disso aqui, mas sim apresentar o que tem sido uma ocupação de trabalho nos últimos tempos: formular questões que apresentam alguma homologia no universo da crítica de poesia na contemporaneidade.

---

2. M. Pêcheux. "Análise Automática do Discurso" (1969), em F. Gadet e T. Hak (orgs.), *Por uma Análise Automática do Discurso: Uma Introdução à Obra de Michel Pêcheux*, trad. Eni P. Orlandi, Campinas, Unicamp, 1990.

CONSIDERAÇÕES SOBRE CRÍTICA DE POESIA... 181

E são estas: a quem se dirige o crítico de poesia? De que modo e em que termos se dirige? Por que o faz nesses termos específicos? Que tipo de leitor previsto e que tipo de atuação pública se podem inferir a partir de algumas palavras e procedimentos recorrentes na crítica de poesia? E ainda: como se apresenta o crítico perante o leitor, qual a imagem de si que emana de seu discurso?

Claro que as perguntas têm respostas distintas, conforme o tipo de texto que denominemos "crítica" e conforme a quem se dirijam eles, num âmbito particular. Mas o que me tem interessado, neste primeiro momento da reflexão, é identificar os procedimentos generalizados, aqueles que constituem, por assim dizer, o pão-nosso-de-cada-dia da crítica de poesia que circula em *blogs*, jornais, suplementos e trabalhos escolares.

E é só essa parte da reflexão que vou tratar de expor aqui rapidamente.

Nesse universo, tal como acima delimitado, um primeiro procedimento que julgo interessante observar é a recorrência, à exaustão, de alguns termos ou conceitos pouco objetivados, cujo sentido é dado por evidente. Termos como "inovação", "ruptura", "minimalismo" e, principalmente, "rigor", "contenção", "economia", "síntese".

Esses lugares-comuns críticos, em textos breves, sem comentários pormenorizados de poemas, usualmente não são descritivos, nem a rigor sintéticos (no sentido de serem o resultado de uma análise). São antes valorativos, funcionam como elogios numa direção precisa: a de afirmar a modernidade (ou, melhor, a contemporaneidade, esse epítome usual da qualidade).

Por exemplo, o que significa dizer que um poeta ou um poema é sintético ou econômico? Conceitos como esses só seriam rigorosamente aplicáveis se houvesse clareza do que se obtém como resultado e dos recursos empregados para obter ou produzir tal resultado. Ou seja, se se explicitasse e demonstrasse uma relação proporcional de enorme dificuldade, que raramente se apresenta num texto crítico e creio mesmo impossível de objetivação.

De fato, uma fórmula de física, como a famosa que diz que a energia é igual à massa multiplicada pelo quadrado da velocidade da luz, é obviamente sintética. Sendo uma fórmula, apresenta, com um mínimo de elementos, um conceito cuja demonstração analítica ocupa muitas linhas, operações e valores complexos. E é sintética porque resume, para o cálculo ou para a compreensão (e por isso a torna dispensável do ponto de vista do uso), a elaboração matemática de que é resultado necessário e comprovado.

Mas no caso de um poema, o que quer dizer "síntese"? Usa-se essa palavra com muita frequência, mas quantos dos que o fazem estariam dispostos a esclarecer a relação entre o que se diz e os meios com que isso é dito? Quem se atreveria a quantificar a informação, para com isso afirmar a pertinência da noção de síntese na avaliação do resultado?

Outro recorrente na crítica contemporânea é "rigor". Ora, de modo objetivo, poderia ser descrito como "rigoroso" tanto um poema que observa os preceitos métricos ou a forma fixa antiga, quanto um que se pauta firmemente por um manifesto ou programa moderno. Nesse caso, a denominação indicaria conformação a um modelo, aplicação de um conjunto de pressupostos ou regras. Mas não é esse o sentido usual desse termo. Nesse sentido, ele seria talvez de valor negativo. Na sua utilização mais comum, aparece direta ou indiretamente associado a "contenção" ou "síntese". Seu valor positivo deriva dessa conjunção, pois é ela que faz com que "rigor" queira dizer "consciência compositiva", "capacidade de elaboração formal" e seja, por fim, um nome apto a descrever não só a qualidade, mas também a modernidade de um poema. "Rigor", por isso mesmo, é frequentemente sinônimo de consciência da modernidade, entendida como algo a que também se aplicam os dois termos acima referidos. Por isso, dessa associação também resulta que raramente encontremos o termo "rigor" aplicado a um poema longo, a um poema de forma popular, a um poema narrativo ou a um cuja linguagem e sintaxe se aproximem do coloquial.

Caso semelhante ocorre com outro conceito recorrente, correlato de "síntese" e "concisão", que se traduz pelo vocábulo "econômico". De novo, a demonstração da proporcionalidade entre termos, que o conceito implica, é inviável. Por isso, não é improvável que um poeta que nada tenha a dizer, ou que diga apenas aquilo que é previsível (por exemplo, glose em linhas quebradas o desbotado tema dos limites da linguagem

CONSIDERAÇÕES SOBRE CRÍTICA DE POESIA... 183

poética) e escreva textos bastante breves possa ser descrito como "econô-mico". Por outro lado, acho pouco provável que encontremos com fre-quência essa qualificação aplicada a um poema como *Os Lusíadas* – ou às *Soledades*, de Góngora – embora eu imagine que, se a palavra fosse usada pelo seu valor de face, isto é, se representasse uma relação entre o que se produz e os meios com que aquilo é produzido, muito provavelmente se pudesse concluir que esses poemas são econômicos. E já agora me ocorre que talvez muitos se surpreendam se eu disser que é um erro flagrante aplicar esse termo para se referir ao haicai japonês clássico. Embora seja comum rotulá-lo de sintético ou econômico, porque ele é breve, paratá-tico e frequentemente anacolútico, isso na maior parte dos casos não se sustenta, já que ali vigora (como valor estético e eficiente) um princípio de modéstia, segundo o qual deve-se usar o mínimo para garantir apenas o suficiente.

Na crítica contemporânea, minha impressão é que esse termo integra um complexo avaliativo, no qual constela com "síntese", "minimalis-mo", "contenção", "despojamento", "economia", "concisão", "objeti-vismo" e ainda alguns outros. E que entre eles se estabelece uma grande área de sobreposição de sentido, sendo até mesmo comutáveis. Também me parece que são, muito frequentemente, além de vazios de atividade crítica, termos de combate, usados para conjurar procedimentos ou con-figurações poéticas que se recobririam com os nomes de "derramado", "prolixo", "subjetivista", "confessional", "discursivo".

Por isso mesmo, creio que esse uso automático de termos chaves de sentido confuso configura, na verdade, uma recusa ou incapacidade do real exercício da crítica, uma vez que constitui um mero mecanismo de atribuição de valor por meio da filiação do objeto, da localização dele num dado lugar de poder no campo da produção contemporânea. E, voluntária ou involuntariamente, têm uma direção precisa, que é a de afirmar uma narrativa de evolução da poesia ocidental, fora da qual a contemporaneidade não se alcançaria plenamente.

Tal uso tecnicamente confuso desses termos descritivos, em sentido valorativo, pressupõe que tipo de aproximação ao texto? E pressupõe que tipo de leitor?

CRISE EM CRISE

Nos piores casos, a resposta à primeira questão parece ser evidente: trata-se de um exercício de leitura menos analítico do que classificatório, menos preocupado com a compreensão da especificidade do objeto do que com a sua situação ou filiação em determinado nicho ou linha de narrativa histórica – como se com isso a sua complexidade e os seus sentidos se tornassem compreensíveis e pacificados.

Portanto, menos do que testar os pressupostos críticos contra um objeto concreto, e transmitir o impacto ou o resultado desse teste ao possível leitor, o que se promove com o uso abusivo de tais conceitos vazios é o fatal esvaziamento da crítica, tornando-a um discurso cuja pertinência se restrinja a quem se interesse pelas narrativas em competição ou pelo combate pela hegemonia poética, de uma perspectiva na qual o pluralismo não pode participar, com a mesma coerência e qualidade, do banquete da excelência contemporânea.

Dizendo de outra forma, nesse tipo de crítica, o uso de tais termos promove uma avaliação implícita (e, como disse acima, voluntária ou involuntária) que não valoriza a especificidade do objeto, sua forma concreta de atuação frente à expectativa do tempo ou aos modelos vigentes – ou ainda, a sua novidade ou coerência como procedimento ou atitude frente à linguagem – mas apenas verifica ou promove a sua adequação a um modelo descritivo que deriva – muitas vezes sem o saber ou sem o expor – de uma narrativa histórica (necessariamente teleológica), à qual paradoxalmente falta muitas vezes amplitude, coerência ou complexidade.

No que diz respeito à historização da poesia contemporânea, é fácil ver que ainda tem vitalidade o modelo autodescritivo das vanguardas, segundo as quais a ruptura com o passado produz o novo e a forma do novo é a forma da ruptura. E essa concepção chega a enraizar-se de tal modo que a denominação "neoparnasiano" parece pacificamente aproveitável – num livro recente de apresentação da poesia brasileira – para descrever alguma poesia no final do século xx. Utilização essa que, evidentemente, é já um juízo de valor, pois a própria narrativa desse livro é calcada na autovisão modernista evolutiva, deslocando embora para a década de 1990 a entrada da poesia brasileira "em um período

CONSIDERAÇÕES SOBRE CRÍTICA DE POESIA...

de maturidade", e operando com noções tais como "efervescência experimental", "pesquisa formal", "pesquisa de linguagem", "evolução", "conquistas formais", "fina construção formal", "apuro formal", "refluxo formal", "perfil livresco", "retrocesso das conquistas"[3].

Ora, que a crítica possa reciclar, como digno de respeito ou interesse, esse tipo de operação simplista, tem de ter uma explicação. Aqui, do meu ponto de vista, dois fatores me parecem preponderantes.

O primeiro é o estreitamento da cultura literária e a diminuta formação de repertório, mais do público mas também do crítico, derivados não apenas da perda de importância social da literatura (refletida com clareza, por exemplo, na organização dos currículos escolares), mas também da decorrente (e já mencionada) redução do público leitor de poesia e (mais ainda) de crítica de poesia. Daí o caráter de vulgata de história literária, que permite em poucas linhas situar o objeto novo contra um pano de fundo mais ou menos conhecido ou fixado.

Por outro lado, a situação dos objetos presentes num quadro convencional de história literária, promovendo as analogias e heranças, permite maior rendimento às operações de afirmação da qualidade, na medida em que inovação, ruptura, retomada, avanço, recuo etc. são operadores de avaliação cômodos, que permitem eludir a difícil questão de responder pelo presente do texto, pela sua atualização na leitura de hoje. Ou seja, permitem evitar a exposição da reação precária e pessoal frente ao objeto presente (que, do meu ponto de vista, é da natureza mesma da crítica). Cria-se, assim, um modo "historicista atemporal" (em que pese o paradoxo), de regra decalcado da autovisão das vanguardas, especialmente Modernismo paulista e poesia concreta.

Ora, aqui, antes de terminar, preciso fazer uma observação que vai na contramão desse tipo de crítica "objetiva". E é esta: de forma alguma estou a condenar a interpretação histórica, isto é, a leitura teleológica da história que se impõe quando se busca situar um objeto presente em face do passado. Pelo contrário, creio mesmo que não há crítica sem essa

---

3. Sérgio Cohn (org.), *Rio de Janeiro: Poesia.br.*, Azougue, 2012. Os termos entre aspas se encontram nas notas de apresentação dos volumes *1980, 1990* e *1940-1950*.

186 CRISE EM CRISE

tentativa de situar o texto contra o pano de fundo da tradição a que ele pertence ou reivindica, para a partir daí armar uma aposta no futuro.

Ou seja, julgo que não se pode evitar a operação do gosto na construção ou, pelo menos, na afirmação de uma das vertentes narrativas possíveis no exame do passado.

Na verdade, apesar do ditado que diz que gosto não se discute, o que mais discutimos, em todos os aspectos da vida, é gosto e formação do gosto.

Quanto a isso, gostaria de lembrar que o homem que traçou as linhas de interpretação até há pouco hegemônicas sobre a evolução da nossa poesia, Antonio Candido, explicitamente reconheceu a articulação entre o processo de narrar a história e o gosto, em termos que têm passado relativamente despercebidos. De fato, diz ele, na sua *Formação*, com todas as letras: "Procurando sobretudo interpretar, este não é um livro de erudição, e o aspecto informativo apenas serve de plataforma às operações do gosto". E completa, com a exposição dos objetivos: "Perceber, compreender, julgar. Nesse livro, o aparelho analítico da investigação é posto em movimento a serviço da receptividade individual, que busca na obra uma fonte de emoção e termina avaliando o seu significado"[4].

Essa é, eu creio, a parte melhor da *Formação* – a parte das operações do gosto, da subordinação do aparelho analítico à receptividade individual, e da avalição do significado –, porque se um dia se demonstrar inviável ou não mais sustentável a narrativa histórica que estrutura essa obra, não podemos senão concordar ou discordar da operação do gosto que, por sua vez, historizada, contribuiu decisivamente para um padrão cujas ramificações amplas são percebidas com clareza na constituição de um gosto dominante num dado momento da vida intelectual brasileira. Inclusive como base (narrativa e de gosto) desse tipo de crítica que estou tentando descrever.

Mas enquanto em vários outros espaços culturais o reconhecimento da relatividade e o respeito à diversidade não evitam, antes valorizam a expo-

---

4. Antonio Candido, *Formação da Literatura Brasileira*, 4. ed., São Paulo, Livraria Martins Editora, s.d. – Referências: vol. 1, pp. 31 e 33.

CONSIDERAÇÕES SOBRE CRÍTICA DE POESIA... 187

sição do empenho e explicitação do gosto, na crítica vulgar de poesia esse movimento ainda não se produziu e a inércia dos mecanismos e termos descritivos termina por gerar um discurso anódino, convencional, abstratizante e de pouco interesse fora do círculo dos que o praticam ou querem praticar um dia.

Não creio, tampouco, que seja impossível concluir que a redução do vocabulário crítico, bem como a precária historização dos objetos literários sejam direta decorrência da incontestável perda de relevância social da literatura, combinada com a sobrevivência inercial (porque meramente herdada de um tempo em que estudar a literatura era promover a língua ou compreender a nação) do ensino da história e da crítica literária nos currículos escolares e na organização dos departamentos universitários.

Minha impressão, assim, é que está na hora de um trabalho de desmonte, a ser realizado em várias frentes. E como a maior parte dos que aqui estão são ao mesmo tempo estudiosos, críticos e professores de poesia, vim propor estas notas de escândalo e uma ideia simples: promover um esforço para que termos confusos e vazios como os que mencionei sejam banidos no local onde eles primeiro se enraízam para depois florescer furiosamente – nos textos dos trabalhos escolares e nas teses acadêmicas. E, paralelamente, remover a desconfiança e o peso da autoridade histórica e historizante sobre o exercício do gosto como descoberta do interesse e da vinculação do texto com o presente do leitor. Com isso talvez seja possível imaginar ou fundar uma forma realmente produtiva de se aproximar, de analisar e de avaliar as obras literárias, seja na prática da crítica para público amplo, seja na prática da leitura literária (se é que isso ainda fará sentido e terá lugar) nos vários níveis escolares.

Pensando bem, no quadro atual da área de Letras e na economia das trocas acadêmicas, essa que acabo de apresentar não me parece uma proposta exequível. Mas nem por serem inexequíveis as propostas deixam de ser razoáveis.

19

Poesia Contemporânea e Crítica de Poesia[1]

*Mal informado aquele que se declara
seu próprio contemporâneo.*

MALLARMÉ, *apud* BLANCHOT

O TEMA DESTA CONVERSA é poesia e crítica de poesia. Retomo aqui temas e formulações dispersas em outros textos que tenho escrito sobre esse assunto, tentando sistematizá-los e aprofundá-los, para que, na sequência, possamos debater um pouco.

Dito isso, queria começar pelo fim, isto é, pela questão da crítica – e da crítica contemporânea, porque o foco aqui é a poesia contemporânea e a sua crítica. E queria também pedir desculpas a alguém que eventualmente tenha lido um texto em que recentemente refleti sobre as relações sobre história e crítica, pois aqui retomo, sem muitas alterações, uma parte do que ali vem escrito – e ainda do que pude pensar em outro texto sobre poesia e crítica.

1. A CRÍTICA

Pensar as formas da crítica literária é pensar também as formas de história literária no presente.

Não há possibilidade de crítica dos objetos literários sem uma base histórica, isto é, sem uma postulação de sentido histórico, um quadro

---

1. Texto lido na FCL/Unesp de Araraquara, em 18 de abril de 2013. Publicado na revista *Sibila*, eletrônica, em 20.05.2013.

de referência que permita ao crítico avaliar uma obra segundo um duplo aspecto: o primeiro é a reivindicação de herança cultural e o segundo, a aposta num possível legado.

Desde que se dissolveu o quadro clássico, no qual a aferição da qualidade se dava sobretudo a partir da consideração de obras modelares em seu gênero, emuladas pelas obras novas, a crítica se tornou radicalmente histórica. Ou talvez seja melhor dizer: a crítica ficou submetida à história.

O que quero dizer é que, diante de um objeto novo, a avaliação moderna se processa por uma espécie de revisitação do passado, em busca de ponto de referência para a interpretação. Segundo seu entendimento, sua inclinação e sua época, o crítico falará de linhas evolutivas, influência, intertexto, contestação, paródia etc.

De fato, filiar uma obra numa tendência ou matriz é talvez a forma mais usual e produtiva de compreensão. Mas como a própria crítica trabalhou incessantemente para denunciar os mecanismos de poder que constroem os cânones, e uma vez que o passado e o cânone (ou os cânones, no caso) são construções discursivas, a obra nova, o passado e o cânone se modificam mutuamente. É o que, entre outros, observaram Eliot e Borges – o primeiro ao entender o cânone como uma ordem ideal constantemente em mudança; o segundo ao propor que um autor forte cria seus próprios precursores.

Hoje, quando as fronteiras entre o que é e o que não é literário são flexíveis e incertas, quando o estético já não se sustenta a partir do cânone, mas, pelo contrário, se vê explicitamente submetido ao político (e aqui estou pensando, por exemplo, nos cânones alternativos, nos quais o valor estético ou se quer outro, ou é modalizado por, ou tem menor importância do que o recorte político, sexual, étnico, genérico), mais se faz evidente, para o bem e para o mal, o mecanismo crítico básico de avaliar o objeto inserindo-o numa narrativa particular, dentro da qual ganha densidade e sentido.

E se é verdade que o solo da crítica não é mais tão firme quanto já foi, porque hoje ela é sempre suspeita de estar submetida à autoridade do passado canônico, é também verdade que dela se passa a exigir muito mais, na medida em que qualquer crítica se vê agora na urgência de situar-se

POESIA CONTEMPORÂNEA E CRÍTICA DE POESIA

historicamente, de uma forma ou outra, perante as novas propostas de cânone apresentadas no entorno da obra ou no miolo da cultura de seu tempo. Isto é, a aguda historicização do cânone exige ainda mais da crítica que ela se situe historicamente, na medida em que a obriga a continuamente retraçar a história para compreender a ocorrência ou justificar a escolha do seu objeto.

Ao mesmo tempo, está claro que tratar criticamente um objeto é fazer um gesto de escolha não somente sobre o campo do presente, mas principalmente sobre o campo do futuro. O desejo de intervir no presente e agir sobre o futuro é indissociável do ato crítico em literatura, uma vez que este – se não se resigna a ser apenas vítima do *marketing* das editoras e dos autores – é sempre, além de um desejo de conhecimento de um objeto particular, uma eleição e uma aposta. E mesmo quando se apresenta como pura afirmação de gosto, o ato crítico tem em vista a direção do futuro, por meio da afirmação ou da recusa do que deve ou não deve ser valorizado, do que merece ou não merece continuidade. Isso, é claro, porque o presente oferece uma enorme variedade e quantidade de objetos novos, filiados a cânones distintos e concorrentes.

Sendo assim, o ato crítico, ainda que se queira apenas um ato de compreensão ou avaliação, é antes de tudo um gesto de eleição. Destacar como digno de atenção crítica um objeto em meio à miríade de objetos que se oferecem significa reconhecer sua importância ou seu poder. Não se critica nem se ensina o anódino, mas apenas o que se elege como bom e exemplar – ou como mau, caso traga em si algum potencial de perversão do que o crítico considera o melhor rumo do presente.

Assim, não apenas não creio que seja possível fazer crítica consequente sem uma base histórica (isto é, no limite, uma opção por um enredo e narração), como também não acredito que seja possível compreender plenamente a crítica feita (isto é, o lugar de onde se produz o juízo de valor e se processa a interpretação) sem conhecer as principais linhas hegemônicas (ou em disputa de hegemonia num preciso momento de um dado universo cultural) de interpretação histórica.

Não há nisso nada de novo, no que toca ao mundo moderno, tal como se foi definindo a partir do Romantismo. A nota da novidade está em outra parte: no desprestígio da história literária como disciplina. Especialmente da história literária como narrativa totalizante, centrada na seleção e no comentário de objetos exemplares que se relacionam entre si por uma série de múltiplas causalidades.

Com a historização do cânone e com a forma diferente de organização do campo intelectual, que privilegia a análise especializada em vez das sínteses grandiosas, diminui muito ou mesmo desaparece a confiança na autoridade do autor único que escreve sobre objetos variados, espalhados ao longo de uma vasta cronologia. Hoje, uma história da literatura nacional escrita por um homem só não apenas nos parece pouco provável, como ainda nos parece desde logo suspeita de se tratar de uma compilação, de uma síntese de leituras de fontes secundárias ou de outras narrativas históricas que a precederam.

Minha impressão é que a relação de dependência da crítica para com a história literária, que tentei apresentar no início destas reflexões, se resolve de um modo duplo na situação e na avaliação de objetos.

No que diz respeito a objetos que se reclamam do cânone, sua visada depende muito das grandes sínteses históricas de meados do século xx, uma vez que, depois delas, nenhuma outra se fez. Já nas obras que se afirmam como oposição ao cânone, sua visada se escora nas histórias parciais que se produzem sem a má consciência da história canônica. Quero dizer, a recusa da modalidade narrativa da história literária contemporânea não elimina a persistência dessa narrativa como princípio de avaliação e ordenação da matéria literária do presente e do passado.

O que sucede agora é que, fora do foco da discussão e do embate aberto, algumas sínteses mais convincentes ou de maior poder institucional permanecem na obscuridade, tornam-se matéria escura, invisível – mas continuam presentes e atuantes. Por isso mesmo, minha intuição é que as bases mais fortes da crítica literária permanecem sendo as velhas histórias narrativas, com seus modelos de avaliação e de ordenação. Pois, para a crítica, devido ao seu caráter decisivo de intervenção, é imperativa uma visada narrativa na qual, se não a origem, a destinação está sempre presente.

Já no campo dos estudos literários sobre objetos do passado, a questão da história literária tem outro recorte, embora também de primeira

POESIA CONTEMPORÂNEA E CRÍTICA DE POESIA 193

importância: os estudos sobre objetos do passado são o campo de provas das narrativas históricas tradicionais, ao mesmo tempo em que o laboratório de testes de novas sínteses que, por conta da desconfiança quanto ao gênero história literária, talvez não cheguem a se apresentar a público – mas serão difundidas a partir do exercício do ensaio e da crítica.

Ou seja, nesta breve apresentação do problema, o ponto que eu gostaria de destacar é que não tenho dúvida sobre a importância central que ainda hoje têm as grandes perspectivas históricas elaboradas no século passado – quando mais não fosse, como objeto de contraposição ou como determinação institucional da relevância dos objetos. Mas penso que é bem mais que isso – e que as várias sínteses narrativas do século passado ainda regem o debate, que apenas se deslocou dos pressupostos e das próprias narrativas para a base argumentativa da crítica e dos estudos particulares que se articulam a partir delas ou contra elas. Melhor dizendo: acredito que, apesar ou justamente por conta da propalada crise da história literária (que torna sem sentido a exposição sistemática do enredo básico no qual se situam os gestos de intervenção crítica), o debate sobre as versões da história que interessam a este ou àquele grupo se deslocou para a zona sombria dos pressupostos não declarados, que, entretanto, mantêm a sua força de confronto com outras narrativas, que dão origem a discursos particulares concorrentes – não só na interpretação do passado, mas sobretudo na interpretação do presente e na responsabilidade de moldar o futuro.

Creio que ainda é cedo para percebermos o efeito da perda de prestígio da narrativa histórica para o ensino, a discussão e a produção da literatura. Minha impressão é que vivemos um momento de indefinição: nem estamos dispostos a criar novas narrativas históricas de amplo escopo, como as que vicejaram ao longo do século XX, nem conseguimos nos livrar delas como base de escolha, compreensão e avaliação. Ou seja, creio que a tônica do nosso tempo é a espectralização da história literária narrativa, que ainda nos rege, porque nos assombra.

É nesse quadro que gostaria de pensar com vocês não só a crítica de poesia, mas também a própria poesia contemporânea no Brasil. Faço a ressalva porque não creio que possa correr o risco de generalizar a análise a outros universos literários. Se isso for possível, algum conhecedor de outros sistemas literários poderá fazer; se não for possível, ficará a análise do nosso caso como uma particularidade que talvez interesse à definição do desenho geral.

2. A POESIA

Creio que a poesia tem um diferencial em relação à obra literária que não é poesia. Esse diferencial se revela em vários campos, mas o que interessa aqui, no momento, é um ponto que se desdobrará em outros: a definição, isto é, o pertencimento ao gênero.

Uma constatação fácil de fazer é que, na modernidade, as tentativas de definição de poesia fracassam com mais rapidez do que as de romance ou conto – isto é, de obras em prosa que, de uma forma ou outra, contam uma história.

No regime clássico, a forma e a função eram definidas *a priori*. Poesia era o que obedecia a determinados padrões – sendo o principal a disposição em versos, em segmentos medidos. É certo que a disposição em verso, por si só, não era suficiente para definir a poesia, que pressupunha sempre uma postulação de invenção, de criação. Mas, uma vez atendida tal postulação, verso e poesia pareciam ligados, de tal forma que as obras épicas, líricas e dramáticas habitavam um domínio comum.

Tendo isso em mente, pode-se imaginar que boa parte da história literária da modernidade, em sentido amplo, deve ser contada à volta da história da progressiva assimilação da prosa ao lugar da "poesia", isto é, da atribuição ao romance (e ao conto) do estatuto pleno de arte poética. O que acarreta inclusive a mudança do nome do domínio, pois a denominação "literatura", tal como a utilizamos hoje, é também fruto do movimento de deslocamento de expectativas e conceitos produzidos pela ascensão do romance – para utilizar o título de um livro bem conhecido.

Nesse quadro, um momento crítico, que nos importa considerar para tratar da poesia de hoje no Brasil, é o momento da modernidade em seu sentido mais estrito. Isto é, o momento do Modernismo, pois, no que diz respeito à poesia, é aí que se produz uma alteração da maior importância: a poesia pode (ou, pelo menos, postula) ser definida sem o apoio do verso.

O primeiro passo nesse movimento me parece ser a diferenciação entre verso e medida. O chamado verso livre. Na poesia, nunca foi a rima, nem mesmo a metáfora e o uso de linguagem figurada, o traço diferencial principal da poesia em relação à prosa. Mas a medida. A proposta de um verso livre é sempre a proposta de um verso livre da medida, ou das medidas tradicionais. Não no sentido da sua abolição, mas da possibilidade de a medida ser utilizada em conjunto com a falta de medida – pois muitos versos "livres" mantêm o esquema acentual e mesmo a medida dos versos definidos pela tradição. Na verdade, boa parte dos "versos livres" constitui ainda hoje, em português ao menos, variantes sobre o solo comum da poesia metrificada. A dissociação entre o metro e o ritmo se torna, nesse momento, uma questão importante, e não são poucos os poetas que vão afirmar, direta ou indiretamente, que o que importa à poesia é o ritmo (e não mais o metro), que é a liberdade rítmica que define o verso livre.

No Brasil, nos poetas mais ligados à tradição, como Bandeira, o ritmo entretanto será forte e explicitamente apoiado no metro, valer-se-á da alternância entre versos de medida tradicional e outros, jogará com as cadências tradicionais e atenderá ou não, na divisão das linhas, à expectativa criada por séculos de poesia metrificada. Penso mesmo que é o metro que se dissolve, cedendo lugar aos ritmos básicos associados aos versos medidos. E arrisco-me a pensar que o melhor título para o livro de Bandeira seria não *O Ritmo Dissoluto*, mas *O Metro Dissoluto* – pois é o que se vê na maior parte dos poemas do livro, em que predomina, na verdade, o verso medido.

Já em outros poetas, o ritmo dos versos tradicionais tem pouco ou nenhum peso na definição do verso. É o caso de Oswald de Andrade, cujo primeiro livro sucede de apenas um ano *O Ritmo Dissoluto*.

No caso de Oswald, o metro tradicional parece não ter importância na organização do poema, a não ser como fantasma, *sparring* invisível (até o final, no "Cântico dos Cânticos para Flauta e Violão", assombra-o e ele esconjura o fantasma parnasiano, nomeando Alberto de Oliveira). Sua poesia se articula de modo, diria, mais conceitual: ela demanda o lugar e o reconhecimento como poesia apoiada, formalmente, apenas na quebra da linha. O prosaísmo, o humor, a quebra voluntária do ritmo tradicional configuram uma poesia de combate que, na versão mais baixa, resultará no poema-piada. Mas em Oswald o movimento é mais amplo: não se trata de obter o humor pelo humor – o que já seria algo sacrílego, ocorrendo num livro de poemas –, mas de propor uma poética baseada no prosaísmo e na colagem como a mais adequada à apresentação e à compreensão da realidade. Ao menos da nacional. Sem se apoiar na tradição poética e nos metros tradicionais portugueses, sua poesia existe e se sustenta, num primeiro momento, como gesto dessacralizador, iconoclasta. Seu sentido advém da sua atitude frente à tradição.

Outros autores também comporão "poesia conceitual", se é que esse termo faz aqui sentido. O poema "Vozes na Noite" de Bandeira é um exemplo. Fora de um livro de poemas e sem a assinatura do poeta, o que levaria um leitor a atribuir-lhe o nome de poesia?

O poema conceitual demanda a descrição do campo, para poder ser compreendido e valorizado. Como um gesto, precisa de um contexto e de um conjunto de expectativas. O erguer um braço, por exemplo, tem sentido diferente numa manifestação política e numa sala de aula ou num encontro na rua. Assim também as três linhas de Bandeira ou o "Amor/ Humor" de Oswald. O que faz deles "poemas" é o gesto que os constituiu como poemas. E a propriedade do gesto, quero dizer: o seu sucesso em ser entendido como um gesto carregado de sentido.

Por isso, boa parte do ensino da literatura modernista na escola – média ou universitária – consiste na descrição do quadro em que se deu o gesto (de que resulta não só o relato heroico, mas o exagero nas tintas com que se pintam os oponentes), e também na crônica do sucesso da reivindicação de pertencimento à categoria do literário. Daí o elogio da ruptura como índice da modernidade, mas de uma ruptura que consiste na criação de uma nova continuidade. O que quer dizer: elogio do poder da obra (que é sempre também o poder do autor), capaz de quebrar e restaurar o quadro de referências, pertencendo ao campo literário por meio da negação mesma desse campo.

Um último elemento a considerar é o sentido social do gesto de reivindicação do pertencimento. Num mundo em que a poesia e o literário

POESIA CONTEMPORÂNEA E CRÍTICA DE POESIA

são valores fortes, os gestos ganham sentido pelo simples fato de serem feitos. Mas num mundo no qual a poesia e o literário são marcados e definidos pela história dos gestos de ruptura, perde-se, em primeiro lugar, o ponto de contraposição: isto é, um conjunto de definições e/ ou expectativas contra as quais se erguerão a negação e a demanda de pertencimento.

Do ponto de vista histórico, no Brasil, a questão se apresentou de forma mais aguda na Poesia Concreta. Como se sabe, nessa prática se atacou a última determinação formal do poético: o verso. Poesia não se definia mais pelo corte, nem pela elocução, nem pela linguagem figurada. Ou melhor: essa seria a poesia do passado. Sua antagonista e sucessora, a Poesia Concreta, se proporia como ruptura com o conjunto dos procedimentos que definiam seja a prática clássica, seja a moderna ou modernista, em nome da maior adequação ao tempo e à cultura marcada pelos *mass media*. Uma ruptura radical, mas que busca sua justificação no cerne da tradição modernista e que nunca abdica da reivindicação do nome de poesia e do estatuto de literatura.

Dado o peso das reivindicações concretistas, que muito deveu à rápida expansão dos cursos de letras e principalmente à voga do estruturalismo linguístico nos meios acadêmicos (que, aqui no Brasil, foi um tsunami também porque dispensava o leitor da carga de erudição que outras formas de análise ou comentário da obra literária exigiam), o campo da poesia brasileira ficou marcado pela necessidade de resposta ao repto da atualidade. Para muitos poetas, a questão da justificação da sua prática passou a primeiro plano, e ser contemporâneo deixou de ser uma fatalidade, passando a ser um ideal, um objetivo difícil de alcançar, que pressupunha a elaboração de um discurso de contraposição à ideia de que a própria prática da poesia "em versos" era coisa do passado.

Um estrangeiro poderia perguntar qual foi o poder sedutor da Poesia Concreta, cuja produção é pequena e logo dissolvida em práticas que pouco têm a ver com o que a caracterizou e lhe deu o nome. Na minha avaliação, esse poder nasce do fato de ela se propor a conjugar a ruptura aguda, que caracterizaria a contemporaneidade (ainda mais justificada como adequação ao tempo do predomínio da tecnologia), com a tradição mais longa e erudita, recolhendo os procedimentos de ruptura do verso e do quadro literário como a essência do processo e da evolução.

Nessa conjugação, o que fica excluído é o irracionalismo (todas as correntes irracionalistas, inclusive as que marcaram o futurismo russo, bem como o dadaísmo e o surrealismo), bem como as matrizes poéticas que buscam a coloquialidade e o despojamento formal, o prosaísmo, a recusa da exibição da forma e do artesanato.

O poema concreto não apenas pressupõe o andaime junto do edifício, mas traz também uma crítica esmiuçando tanto o edifício quanto o andaime, seja do ponto de vista estrutural, seja da sua inserção na linha evolutiva. E na maioria das vezes o andaime e sua explicação terminam por ser mais interessantes do que o edifício.

A chamada "poesia marginal" foi a forma mais radical de reação, reivindicando, por sua vez, o reconhecimento do literário para o coloquial, o imediato – e propondo a proximidade leitor/autor como base do processo comunicativo em poesia. E é só no quadro de contraposição ao Concretismo e outras "vanguardas" que se percebem o potencial sedutor e a relevância desse "movimento". Outra forma de reação foi o recuo ao quadro moderno (não modernista) da poesia como arte de fazer versos, que deu origem ao neoparnasianismo dos continuadores da Geração de 45. Ambas, porém, no quadro da modernidade tardia brasileira, terminaram por ser eficientemente assimiladas ao anacrônico, ao pré-contemporâneo.

Se essa for uma descrição aceitável, em traços grossos, do que foi a poesia brasileira desde o Modernismo, então é possível perceber o lugar do impasse atual e compreender melhor o paradoxo que é termos uma poesia sem leitores, sem relevância mercadológica ou cultural, mas extremamente dinamizada por desqualificações mútuas e guerras intestinas ao próprio conjunto dos produtores (que são também a maioria dos leitores). De fato, quando vemos (para citar só um exemplo) poetas como Ferreira Gullar, Augusto de Campos, Décio Pignatari e Bruno Tolentino negarem-se mutuamente não a qualidade literária, mas o direito ao nome de poeta, percebemos a crise aguda, na anomia que reina nesse domínio.

Por isso mesmo, o domínio da poesia é central para a definição do literário. À prosa, atualmente, reserva-se outro tipo de discussão. Sua

POESIA CONTEMPORÂNEA E CRÍTICA DE POESIA 199

importância econômica tende a dissolver as questões literárias em questões de gosto e, em última análise, de mercado. Já a poesia permanece o lugar dos agrupamentos, polêmicas, disputas pelo nome e pelo direito de existir. E a prova é que todos os debates relevantes, no campo literário brasileiro nas últimas décadas, têm se dado à volta da poesia e não em torno do romance ou do seu parente pobre, no mercado, o conto.

3. A CONJUNÇÃO

Chegamos agora ao momento mais arriscado desta conversa: a tentativa de equacionar o que disse da crítica com o quadro sumário da poesia brasileira, para pensar a poesia e a crítica de poesia hoje.

Minha percepção é que o poeta brasileiro contemporâneo ainda é chamado a se defrontar com o discurso da contemporaneidade como objetivo e como construção, e ainda se equilibra, portanto – de uma forma ou de outra –, sobre os dois trilhos em que anda o comboio poético nacional: as linhas evolutivas traçadas, por um lado, pelo conservadorismo modernista que promove a poesia como intervenção política ou reflexão sobre os destinos da nação, e, por outro, pela evolução formal que permitiria a sobreposição produtiva do mais erudito com o mais atual, em termos de técnica de elaboração de produtos de linguagem.

Para a permanência desses dois trilhos contribui, decisivamente, a meu ver, o fato de que a universidade é não só o público desejado, mas também a crítica prevista pela produção contemporânea. Fora dela, apenas os agrupamentos de autores, permanentemente em guerra uns com os outros, na confusão da demanda por reconhecimento.

Que uma parte da produção poética acabe por ser um exercício de adequação ao método de análise e aos pressupostos dos grupos universitários mais influentes é uma consequência inevitável. Como também o é o hábito generalizado das orelhas, prefácios e posfácios (e, de vez em quando, tudo isso junto!) assinados por acadêmicos reconhecidos em livros de poemas de iniciantes ou veteranos – o que, note-se, acontece com muito menos frequência no caso de romances e livros de contos. E, por fim, num registro mais rebaixado, a pura mimese ingênua dos procedimentos consagrados na história – o que às vezes nos faz pensar que na poesia brasileira contemporânea se produz uma dobra histórica e o Modernismo de 22, velho já de quase cem anos, e a Poesia Concreta, de quase sessenta anos de idade, acabam de ocorrer.

O novo, nesse quadro, é uma conquista difícil. Sendo a ruptura, a contraposição, a pedra de toque de praticamente todos os discursos históricos novecentistas, e havendo agora espaço para qualquer contraposição e sendo enorme o leque das formas de contraposição já institucionalizadas, não é fácil encontrar aquilo que é de fato novo nesta época de hiperconsciência histórica, isto é: um texto que se apresente tão liberto quanto possível da tentativa de prever e preparar a reação dos públicos especializados ou de trazer como uma bandeira erguida (em procedimentos poéticos ostensivos, declarações, notas e demais aparato paratextual) as reivindicações de inserção nesta ou naquela tradição que se reputa válida.

A tarefa do crítico de poesia, nesse desenho que venho traçando, por sua vez, parece apoiar-se em dois campos movediços.

Por um lado, por conta da própria natureza da atividade, não basta à crítica glosar as pretensões do texto ou mapeá-lo no espectro de possibilidades e práticas existentes: ela precisa compreendê-lo, e só pode compreendê-lo como literatura, historizando-o – isto é, situando-o como parte de uma narrativa que lhe permita dar conta positiva ou negativa da demanda de sentido, pertencimento e valor que o texto lhe apresenta.

Historização essa que – a menos que o crítico seja um resenhista que tem de aceitar falar sobre os livros que o editor do jornal lhe atribui – começa já na eleição do objeto, que é, por si, atribuição de valor, distinção.

Por outro lado, a redução da crítica ao ambiente da universidade (hoje, com poucas exceções, os críticos que não são professores são doutores, doutorandos ou pós-doutorandos) acaba por criar os próprios filtros do método: os objetos contemporâneos mais interessantes são os que oferecem menor resistência ao método de análise ou às proposições gerais do discurso teórico dominante no ambiente acadêmico do crítico. Por isso mesmo, a crítica universitária pode (ou mesmo procura) elidir a questão do valor como nervo da crítica, favorecendo a atitude descritiva, o mostrar como o objeto se articula e funciona. Ou, no outro extremo,

POESIA CONTEMPORÂNEA E CRÍTICA DE POESIA

tomando o texto como pretexto para uma discussão teórica na qual ele comparece como exemplo ou confirmação – ou seja, reduzindo-o a campo de prova.

De nada adianta, entretanto, o protesto de recusa da avaliação como motor da crítica dos objetos do presente, pois a questão espinhosa do valor está implicada já na eleição do objeto, que é a determinação do seu sentido histórico – por um lado – ou o seu interesse como lugar de pleno exercício do método. A renúncia à questão do valor não é, assim, uma possibilidade para a crítica digna desse nome. Tal renúncia só a tornaria uma variante do colunismo social (como tanta que se faz hoje, aliás) ou a tornaria refém do *marketing* e dos mecanismos de poder das editoras e agremiações que amenizariam, pelo filtro do seu poder econômico de difusão e divulgação junto à imprensa, a aluvião de textos concorrentes pelo pertencimento ao literário e, sobretudo, à contemporaneidade.

Um dos dogmas contemporâneos, que aparece com muitos disfarces e modalizações, é a condenação da crítica batizada de impressionista. Essa condenação ecoa, na poesia, na resistência à valorização da voz individual e da situação histórica em que o texto é produzido – aquilo que se batizou de confessionalismo ou subjetivismo.

Não gostaria de me alongar aqui sobre esse ponto, mas queria terminar convocando para esta discussão uma questão delicada: a do lugar da emoção estética na crítica de poesia.

Dito assim, parece uma questão sem sentido, talvez. Mas o que gostaria de tentar pensar é se é verdadeira a minha impressão de que a questão da emoção está mesmo ausente ou muito apagada no discurso crítico atual sobre poesia. Não me refiro à expressão da emoção da leitura, à exposição do sentimento do crítico na crítica (embora também sinta falta disto, de forma mediada ou imediata), mas ao lugar que a emoção produzida pelo texto no leitor, a emoção como objetivo do texto, ocupa na consideração da obra literária. Questão que poderia ser formulada assim: a descrição da técnica e a inserção histórica dos objetos poéticos são postas e avaliadas em função da sua capacidade de produzir emoção no leitor (em qual tipo de leitor?), ou valores autônomos, triunfos numa série exemplar?

Isto é o mesmo que perguntar sobre o lugar do leitor – em sentido amplo, e não apenas o leitor-especialista ou o leitor-crítico – na prática da poesia e da crítica contemporânea.

Poderia, por fim, reformular a pergunta, da seguinte forma: qual o leitor previsto pela poesia contemporânea brasileira e qual o leitor previsto pela crítica contemporânea de poesia brasileira? A questão, colocada dessa forma, é muito geral, mas ainda assim permite que se destaque o ponto que me parece importante pensar.

Embora neste momento não queira, não possa por limitação de tempo ou amadurecimento do problema, desenvolver esse ponto, queria ao menos registrar que me parece residir aí – no lugar previsto para o leitor – o nó da questão, tanto da crítica, quanto da poesia que se faz hoje no Brasil.

Que fique, pois, após tão longo diagnóstico, tão pequena sugestão (mas uma sugestão em que aposto bastante) como o saldo desta noite.

20

Poesia em Tempo e em Espaços Digitais[1]

Gostaria de começar, já que o lugar é este, pela convocação do prefácio que Eça de Queirós escreveu para os *Azulejos*, do Conde de Arnoso, de 1886, no qual reflete sobre as mudanças havidas na forma de produção e consumo de livros entre o Antigo Regime e o triunfo da sociedade burguesa.

O Escritor, há cem anos – diz Eça – dirigia-se particularmente a uma pessoa de saber e de gosto.

E continua:

Esta expressão, "a Leitura", há cem anos, sugeria logo a imagem de uma livraria silenciosa, com bustos de Platão e de Sêneca, uma ampla poltrona almofadada, uma janela aberta sobre os aromas de um jardim: e neste retiro austero de paz estudiosa, um homem fino, erudito, saboreando linha a linha *o seu livro*, num recolhimento quase amoroso.

É desse perfil de leitor e dessa situação rica e cerimoniosa de leitura (que lembra a leitura que Steiner faz de uma pintura de Jean-Baptiste

---

1. Texto lido no congresso Digital Literary Studies, realizado pelo Programa de Doutoramento em Materialidades da Literatura, na Faculdade de Letras da Universidade de Coimbra, em maio de 2015.

Chardin) que Eça faz derivar as atitudes que reconhece no autor que a ele se dirigia. Diz ele:

> [...] o Leitor de então, o "amigo Leitor", pertencia sempre aos altos corpos do Estado: o alfabeto ainda se não tinha democratizado. [...] Ora, quando este leitor, douto, agudo, amável, bem empoado, íntimo das idades clássicas, recebia o Escritor na sua solidão letrada – o Escritor necessitava apresentar-se com reverência, e *modestement courbé*, como recomenda Beaumarchais. É um homem culto que vai a casa de outro homem culto – e esse encontro está regulado por uma etiqueta tradicional e graciosa.

Nesse encontro de senhores bem educados, em situação de igualdade social e cultural, o livro tem por objetivo tornar-se uma conversa íntima, pessoalizada, entre dois indivíduos que compartilham experiência, repertório e cultura de classe:

> O Leitor possuía no homem de letras um companheiro de solidão, de um encanto sempre renovado. O Autor encontrava no Leitor uma atenção demorada, fiel, crente: como Filósofo, tinha nele um discípulo, como Poeta um confidente.

Esse quadro idílico, que ele pinta com ironia simpática, se interrompe brutalmente, segundo Eça, no final do século XVIII:

> Depois, numa manhã de julho, tomou-se a Bastilha. Tudo se revolveu: e mil novidades violentas surgiram, alterando a configuração moral da Terra. Veio a Democracia: fez-se a iluminação a gás: assomou a instrução gratuita e obrigatória, instalaram-se as máquinas Marinoni que imprimem cem mil jornais por hora: vieram os Clubs, o Romantismo, a Política, a Liberdade e a Fototipia.

Nesse quadro novo, em que a alfabetização cria novos contingentes de leitores e a técnica permite a expansão e barateamento dos materiais impressos, uma importante transformação ocorre numa das pontas do processo literário:

> Foi então que sumiu o Leitor, o antigo Leitor, discípulo e confidente, [...] o Leitor amigo, com quem se conversava deliciosamente em longos, loquazes Proêmios: e em lugar dele o homem de letras viu diante de si a turba que se chama o Público, que lê alto e à pressa no rumor das ruas.

POESIA EM TEMPO E EM ESPAÇOS DIGITAIS

Do ponto de vista de Eça, por conta dessas circunstâncias, o Autor – agora denominado mais genericamente "homem de letras" – sofre também mudança de papel social: antes era um nobre ou um artífice sustentado por um mecenas; agora é apresentado como um trabalhador, que ganha o pão com o próprio suor, na produção de uma mercadoria ansiada pelos consumidores.

O diálogo culto, que caracterizava a literatura dos séculos passados, desaparece. E já agora, da mesma forma que o Leitor se anonimiza no Público, também o Autor (cuja razão de ser tinha raízes na autoridade) se transforma em Escritor, ou seja, se define pela função no sistema produtivo:

> O Leitor deixou de ser uma pessoa a quem se fala isoladamente e com o tricórnio na mão; e o Escritor tornou-se tão impessoal como ele. Não são individualidades cultas comunicando: são duas substâncias difusas que se penetram, como a luz quando atravessa o ar.

Entretanto, o que fazer com essa descrição – coerente quando se pensa no triunfo do Naturalismo de Zola – se em vez de à prosa de ficção tentarmos aplicá-la aos rumos da poesia?

O contemporâneo exato de Zola não é Victor Hugo, o bardo guia de povos, de amplo apelo popular. É Mallarmé. E uma parte da história da relação moderna poeta/leitor se poderia traçar também a partir da representação do leitor comum em Baudelaire e em Mallarmé.

Para Baudelaire o leitor comum ainda existia como horizonte do texto. Em tese, conquistável pela sedução ou pela aversão. Era um adversário hipócrita, é certo. E limitado cultural ou intelectualmente, a ponto de ser preciso, ao final de vários poemas, destrinchar-lhe a alegoria. Mas é a ele, como nos antigos livros descritos por Eça, que se dedica a parte inicial do seu livro – e é com a sua aclamação que o poeta, ainda próximo do tempo de Hugo, delirava, nos últimos dias, sonhando a apoteose no seu retorno a Paris.

Já em Mallarmé, tudo se passa de modo diferente desde muito cedo. A poesia não só não almeja o leitor comum, anonimizado na massa, mas

206   CRISE EM CRISE

ergue um aparato defensivo contra a sua eventual aproximação. De fato, num texto juvenil, de 1862, diz espantar-se e irritar-se frente ao fato de que os poetas ambicionem a aprovação popular e eliminem voluntariamente a última barreira de acesso à sua obra, autorizando tiragens de baixo preço. E que seria preferível, pelo contrário, publicar apenas livros raros e caros, que somente alguns poucos artistas, gastando seu último dinheiro, pudessem comprar. Almeja ainda "uma língua imaculada – fórmulas hieráticas cujo estudo árido cegasse o profano e aguilhoasse o paciente fatal" e termina por dizer que a busca do sucesso de público terminaria por criar "essa coisa, que seria grotesca se não fosse triste para o artista e para a raça, o *poeta operário*".

E ainda no fim da vida, em "Crise de Verso" (1897) assinala a ruptura, na esfera da poesia, representada pela morte de Victor Hugo. E é sobre a sua memória que Mallarmé vai falar da "obra pura", cujos procedimentos substituem "a respiração perceptível no antigo sopro lírico ou a direção pessoal entusiasta da frase".

E quando se vê como Mallarmé situa o verso livre como variação sobre a memória do alexandrino, chegamos ao segundo ponto que interessa aqui destacar: a poesia moderna, diferentemente da prosa moderna, não se dá a compreender fora da tradição que reivindica para afirmar ou negar. É nesse processo à tradição que se afirma propriamente como poesia e moderna. Por isso mesmo, a questão da técnica vem para primeiro plano: porque a técnica não é um meio de produzir um efeito ou um sentido. Não é um instrumental, mas parte constitutiva do próprio sentido.

E é por isso que a poesia, passado o momento hugoano, vai vendo seu público reduzir-se cada vez mais aos próprios poetas, aspirantes a poetas e demais homens de letras: porque ela pressupõe a capacidade de fruir a relação com a tradição, de entender o novo poema como um gesto num campo de forças definido por um repertório específico e tradicional.

A questão se apresentou com várias faces ao longo do tempo: como e onde encontrar, ou como preservar ou criar um público para a poesia? E se mostrou de modo bastante dramático na primeira metade do século xx, em Ezra Pound, por exemplo, que recriou a noção de paideuma como o repertório mínimo necessário à apreciação do bom e do novo em literatura, dedicando-se à tradução do que considerava essencial para o leitor de língua inglesa.

E é ainda essa mesma questão que se apresenta em meados do século, agora agudizada por um fato que terá cada vez maior preponderância na vida cultural: a criação e multiplicação dos meios de comunicação.

Um momento agudo da percepção da virada foi o congresso internacional realizado em 1954, em São Paulo, no qual o professor Morton Dauen Zabel apresentou uma comunicação sobre os novos meios de comunicação de massa como meio de popularizar a arte e João Cabral de Melo Neto verberou o "abismo que separa hoje em dia o poeta do seu leitor" e conclamou os poetas a conquistar formas mais funcionais para "levar a poesia à porta do homem moderno".

No Brasil, uma das tentativas de ponte sobre o "abismo" foi o regresso às formas tradicionais (já ensaiado desde 1945, com a geração de mesmo nome), outra foi a adoção de formas populares como o poema narrativo e o poema de cordel.

Uma terceira e de mais impacto utópico foi a aposta na possibilidade de fazer coincidirem a evolução técnica da tradição propriamente erudita com a evolução tecnológica da propaganda industrial e dos *mass media,* dominantes no mundo contemporâneo. Isto é, compor poemas que fossem concebidos como produtos industriais, mas que simultaneamente fossem herdeiros do que os seus autores julgavam a principal linha evolutiva da literatura ocidental, que eles atualizariam na clave feliz da coincidência dos opostos.

O dilema dessa síntese arriscada poderia ser resumido na pergunta: como garantir que um poema-objeto-industrial fosse ainda lido como poema, isto é, como herdeiro legítimo da tradição? Ou seja, como garantir que ele não só *atuasse* sobre o leitor – como atua um comercial ou um cartaz de propaganda –, mas que tivesse a sua inserção tradicional e o seu virtuosismo técnico apreciado? O caminho escolhido foi um amplo trabalho de construção e difusão de repertório textual – que recupera e radicaliza o paideuma de Pound – e uma intensa campanha de exposição dos pressupostos teóricos da prática que se denominava Poesia Concreta. Tudo isso, na medida do possível, em jornais de grande circulação, para atingir ao maior público disponível

– que era crescente, com a enorme ampliação da instrução universitária no terceiro quartel do século xx.

O resultado, porém, não foi a superação do abismo. Pelo contrário, já que o poema concreto terminou por ser – por conta da reivindicação de objeto erudito e da particularidade da linha evolutiva que pressupunha o seu entendimento – ainda mais hermético (enquanto poema) do que os intimistas ou de artesanato furioso condenados por Cabral. Além disso, a utilização da tecnologia produziu o efeito contrário do esperado, pois dada a rápida banalização, caducidade e desuso da técnica – por exemplo, a impressão colorida, os desejados letreiros de néon, a holografia, os cartões perfurados de computador, o teletexto, as primárias e caseiras animações feitas em PC –, a fixação da autoria e da data inaugural do emprego de cada tecnologia, que passaram a ser cada vez mais importantes para a compreensão da novidade em seu tempo, fizeram dos objetos futuristas peças de museu, apreciáveis principalmente do ponto de vista da história da apropriação da tecnologia pela poesia de extração e pretensão erudita.

Além disso, o poema concreto, embora mimetize os procedimentos industriais, permanece artesanal na sua realização – na medida em que interessa pouco, do ponto de vista comercial, para justificar o custo da sua produção em escala. Assim, não apenas suas tiragens foram sempre diminutas e os espaços de exposição aqueles mais identificados à arte de vanguarda, mas eles mesmos se revelaram incompatíveis com a busca de lucro e padronização da produção industrial, como se revelou no volume dedicado à poesia concreta na Coleção Literatura Comentada, da Editora Abril. Ali, não houve lugar para os grandes brancos do papel e muito menos para o papel cartonado, que impedisse que os grossos traços do verso aparecessem no anverso, o que criou no livrinho de divulgação uma poluição visual compatível com o desejo de lucro, mas indigna da elegância fria do objeto concreto ideal.

Enquanto isso, a prosa ficcional e o teatro conheceram uma lua de mel com os meios de comunicação de massa. No século xx, a crônica experimentou um desenvolvimento extraordinário no Brasil, ocupando as páginas dos jornais e das revistas ilustradas semanais. Paulo Mendes Campos,

POESIA EM TEMPO E EM ESPAÇOS DIGITAIS

Fernando Sabino, Drummond e, principalmente, Rubem Braga deram ali ao público amplo e recém-formado no Brasil a sua dose semanal de ficção e de recortes líricos do cotidiano. E merece atenção o fato de que Rubem Braga se firmou entre os grandes prosadores brasileiros tendo escrito toda a sua obra para jornais e nunca publicado um romance ou mesmo um livro de contos. Já o teatro se desdobrou em fotonovela, radionovela e, por fim, novela e minissérie televisivas. E basta lembrar que Dias Gomes, de 1944 a 1964, adaptou cerca de quinhentas peças do teatro universal para o rádio, e que, além de algumas das grandes peças nacionais (como *O Pagador de Promessas*, cuja adaptação cinematográfica recebeu a Palma de Ouro e foi indicada ao Oscar), escreveu algumas das novelas de televisão de maior sucesso (como *Roque Santeiro*) para ter uma ideia de como se processou, no Brasil, a fusão das esferas culturais. O romance e o conto, por sua vez, encontraram na queda do custo da produção livreira e no aumento da instrução no interior do país um vasto campo de difusão, especialmente por meio de coleções como a do Clube do Livro e a Saraiva – livros baratos e distribuídos por assinatura ou de porta em porta em meados do século XX. E, mais recentemente, assistimos à proliferação dos audiolivros (que foi, porém, tímida no país) e, por último, dos *e-books* – que parecem ter vindo para ficar.

Já a poesia – no sentido de texto escrito para ser lido – teve, durante quase todo o século passado, uma convivência mais tímida com os novos meios de comunicação, mesmo considerado o episódio concretista.

É certo que a indústria do disco investiu em declamadores e ainda na gravação dos poemas ditos pelos próprios poetas. Mas esse material, embora precioso como memória, teve e tem presença muito tímida no vasto universo da comunicação massiva e representa pouco, perante a difusão geral dos demais gêneros literários. A não ser que levemos em conta, como poesia, as letras de música popular.

Não é o caso de retomar a discussão sobre se letra de música é poesia. Do ponto de vista que aqui interessa considerar, podemos pensar que é provavelmente menos poesia do que a telenovela é teatro. Não há dúvida de que, em alguns casos (como Caetano Veloso e Chico Buarque), a letra de música parece sustentar-se como letra, sem música. Mas apesar de algumas experiências inspiradas nas vanguardas – como os discos de Walter Franco, Arrigo Barnabé ou o *Araçá Azul*, de Caetano Veloso –, o que predomina na MPB (que já é uma sigla excludente, pois exclui desde logo a música verdadeiramente popular no Brasil) não é a inovação vanguardista. E nem mesmo, do meu ponto de vista, o alto nível de elaboração literária. O que deve dizer alguma coisa sobre a poesia moderna e, especialmente, sobre a de vanguarda – pois a letra de música de sucesso não reivindica a tradição poética ocidental, a não ser pelo fato de que de regra vem escrita em versos, com rimas e em formas estróficas de extração popular ou consagradas a partir do Romantismo.

Não obstante, é verdade que, dentro dos limites da MPB, sem dúvida a letra de música atende e conquista um público muito maior e mais multifacetado do que qualquer público de poesia em outro tempo no país, alavancando inclusive a poesia convencional de quem a escreve, como se vê pelo caso de Vinicius de Moraes, cognominado, por conta da sua presença na MPB, o "Poetinha". E ainda no que toca à conjunção poesia/música popular, para frisar o seu poder de penetração, vale lembrar que a parte mais conhecida da obra de João Cabral de Melo Neto, e talvez a única de fato conhecida pelo público médio no Brasil, é *Vida e Morte Severina*. Não por conta da sua leitura em livro e sim graças à sua apresentação com música de Chico Buarque e, principalmente, à adaptação televisiva (com a mesma trilha musical) feita para a Rede Globo, em 1981, por Walter Avancini (diretor, lembre-se, que já dirigira outro sucesso de adaptação de obra literária, que foi *Gabriela*, de Jorge Amado).

À poesia escrita, no Brasil, especialmente depois da era de ouro da MPB, reservou-se um público cada vez mais restrito e usualmente reduzido a *gens du métier*. E as tentativas de levar a poesia à porta do homem comum, por meio da panfletagem em portas de cinema e teatro, que caracterizou a chamada "poesia marginal" ou "geração do mimeógrafo", por conta do recuo à produção alternativa e artesanal, fora dos circuitos editoriais e da indústria cultural, pouco resultado tiveram, seja em termos de penetração de público, seja em termos de elaboração de uma nova linguagem estética.

A exceção do período é Paulo Leminski, e creio que porque soube conjugar de modo convincente as linhas de força atuantes no seu momento: a coloquialidade extrema da "poesia marginal", a utopia do experimentalismo concretista, o apelo contracultural ao zen e à experiência imediata, o humor epigramático, a intensa atuação nos meios de comunicação de massa – e, como não podia deixar de ser, a busca de divulgação da poesia e do nome do poeta por meio da canção popular.

Por isso mesmo, Leminski foi, entre os poetas surgidos na segunda metade do século xx, um momento único de ampliação do público – e sua presença ainda é muito marcante nas redes sociais, sendo provavelmente o poeta mais referido e transcrito em *blogs*, revistas eletrônicas e páginas do Facebook. Ainda é cedo para saber o que ocorrerá depois da republicação recente das suas obras por uma grande editora comercial. O sucesso de vendas não parece ter correspondido a um aumento das referências ou de estudos críticos. De modo que será preciso esperar alguns anos para ver o que, na espantosa penetração de sua poesia, se devia à presença constante do poeta na mídia e ao que ele representava, para os fãs que o conheciam menos de obra do que de fama, enquanto ideal de junção de poesia e vida.

Fiz este rápido percurso sobre a questão da diminuição do público da poesia com atenção no Brasil, porque lá ocorreu algo muito diferente do que ocorreu nos países da Europa e mesmo em países americanos de língua espanhola. Refiro-me ao fato, já valorizado por Antonio Candido, de que a universidade e as instituições culturais em geral surgiram ali muito tarde. A nossa primeira universidade é de 1934 e os nossos primeiros museus dos anos de 1940. Por conta disso, formaram-se no Brasil, ao mesmo tempo, um público mais erudito, aparelhado culturalmente, e o público moldado e alimentado pela indústria cultural. Daí que, entre nós, essas duas esferas do universo da cultura tenham simultaneamente uma competição – sentida de modo dramático como luta exclusiva pelo público – e uma integração singulares – visível, por exemplo, no fato que foi um órgão da indústria, a Editora Abril, que criou – junto com as revistas semanais de notícias e variedades – as grandes coleções referenciais de literatura, arte, filosofia e música erudita que formaram as bibliotecas mais especializadas da classe média ao longo das últimas décadas do século xx.

Nestas primeiras décadas do século xxi, minha percepção é a de que há, no que toca à poesia, dois universos, que se comunicam entre si, frequentemente se confundem no espaço virtual, mas no final das contas permanecem separados pela escolha (ou destinação, talvez fosse melhor dizer) de público e, às vezes, pela forma preferencial de divulgação.

O primeiro é o da poesia que poderíamos chamar de "erudita", no mesmo sentido que utilizamos esse adjetivo para a música. Suas referências principais são as grandes obras da tradição ocidental, com as quais busca o diálogo por meio da alusão, incorporação ou simples referência. Seu leitor suposto é o leitor aparelhado à decifração da intertextualidade, da observação do projeto poético e cultural desenvolvido, ao longo do tempo, pelo poeta e sua poesia. É a poesia mais ostensivamente "literária", cuja forma preferencial de publicação é o livro em papel, e que não teme o hermetismo temático ou formal, mas, pelo contrário, às vezes busca-o de várias maneiras. Essa modalidade de poesia tem no grande contingente de professores universitários e pós-graduandos de Letras o seu público de destinação preferencial. Pertence a este universo, desta forma, independentemente de sua matriz e grau de "dificuldade", a poesia que almeja a leitura historicizante – e que não raro ela própria traz para o leitor, no mesmo volume, com os versos, na forma de prefácios, posfácios e orelhas escritas por acadêmicos ou por outros poetas, que, de regra, nessas ocasiões assumem ou imitam o tom próprio da apresentação acadêmica.

A segunda é a poesia que se poderia chamar, em medida variável, de "popular", no sentido próprio e ainda no sentido que esse adjetivo tem quando aplicado também à música. No sentido próprio, trata-se da poesia de extração popular. A que ainda se produz e tem vigor comercial, por exemplo, nos folhetos de cordel – que recentemente experimentaram um renascimento, contando esse gênero já agora com uma Academia Brasileira de Literatura de Cordel.

No sentido figurado, trata-se de uma poesia dirigida preferencialmente a um público eclético e não necessariamente familiarizado com a tradição literária, ao que poderíamos talvez chamar de "leitor comum", no sentido de não especializado profissionalmente, nem dotado de repertório amplo e específico. Uma poesia para a qual o entendimento imediato do leitor tal como ele se apresenta no momento é mais relevante do que a

POESIA EM TEMPO E EM ESPAÇOS DIGITAIS

idealização do triunfo futuro. Poderia referir aqui nomes tão diversos quanto Millôr Fernandes, que publicou durante anos haicais em revistas de grande circulação, Mário Quintana, além do já mencionado Vinicius de Moraes e, para nomear um autor contemporâneo, em plena atividade, pode-se pensar em Elisa Lucinda – atriz global, *performer* e poeta.

Na última década, esses dois universos se têm comunicado de modo muito intenso. E não só porque a produção poética contemporânea (bem como a poesia de todos os tempos) está disponível a um contingente de leitores muito mais vasto do que em qualquer outro período da história, graças à internet, com a enorme proliferação de acervos eletrônicos, portais e fóruns de literatura, páginas pessoais, *blogs* e páginas do Facebook.

Consequências dessa universalização dos textos são evidentes no dia a dia, por exemplo, dos professores que têm suas aulas acompanhadas por alunos armados de *tablets* nos quais verificam as afirmações e buscam as informações em tempo real; e também no fato de que o hipertexto de obras como *Divina Comédia* e *The Waste Land* permite a construção de um repertório de referência que anteriormente tinha grande custo e dificilmente se fazia fora da situação escolar. Além disso, não se deve desprezar o papel das máquinas de tradução, seja para a leitura (ainda que precária) de textos de outras línguas, seja para a comunicação entre usuários de diferentes culturas.

O mais importante, porém, na forma virtual de existência da poesia não me parece ser nem o brutal aumento quantitativo do público, nem o repositório de textos a custo zero – mas sim a diferença, no que toca à literatura produzida hoje, entre a disponibilidade em papel e a do espaço virtual. E isso porque, no virtual, a publicação está não só ao alcance da recepção do leitor, mas principalmente da sua resposta imediata, por meio do comentário no *blog*, da mensagem *inbox* ou, mais simplificadamente, do acionamento do botão "gosto", no Facebook.

Da mesma forma, embora o pudor tradicional tenda a impedir, o comentário está sujeito à resposta do autor. Ou seja, o diálogo é efetivamente possível, em público ou privadamente, e acaba por fazer parte da expectativa de publicação nas redes sociais.

Não creio, por experiência própria e pela observação cotidiana, que a novidade seja desprezível. Acredito, pelo contrário, que com o correr do tempo a publicação nos espaços virtuais virá a ser cada vez mais intensa – seja como preparação para a publicação em papel, seja como sua substituta.

Digo isso porque tenho observado que poetas de mérito, que há décadas não publicavam, à espera do livro completo ou apenas na desesperança de leitores, agora voltam a publicar. E onde? Num perfil de Facebook.

O Facebook, no que toca à publicação de poesia, é um fenômeno à parte. E devemos olhá-lo, ao menos no Brasil, com atenção. É que ali se forma uma rede diversa da rede literária tradicional, das rodinhas e dos grupos físicos. Sua natureza é ser um espaço aberto aos adventícios e a sua forma de funcionamento permite não só a manifestação imediata da aprovação, mas ainda a explicitação do efeito causado pelo postagem ou pelo poema.

Daí que esse tipo de publicação possa inclusive ser campo de provas para a organização de livros de poemas, como sucedeu recentemente com um autor brasileiro, mais conhecido como prosador e tradutor, que ao longo de meses publicou em sua página do Facebook um enorme número de poemas, amplamente comentados pelos leitores e por ele mesmo. Ao final do processo, recolheu em volume de papel os que mais foram apreciados por um simples *like*, combinados com os que mais comentários receberam atestando a boa recepção.

O que chama a atenção, tanto no primeiro quanto no segundo caso, é que o leitor da poesia, nesse espaço específico, é virtual, mas não é mais uma abstração. Não se trata de escrever um poema e lançá-lo à letra de forma como um bilhete numa garrafa no mar. Com todas as máscaras e mediações que sabemos, os leitores/comentadores têm rosto, história, corpo. Podem ser vistos e estão ao alcance de uma mensagem.

Não que isso faça retornar uma relação como a descrita por Eça. Não se trata em princípio da suposição de igualdade cultural e de classe. Pelo contrário, trata-se do imponderável, pois há um pouco de tudo no universo virtual, inclusive falsos perfis e falsas apreciações, bem como comércio de *likes*, tanto quanto de resenhas críticas. (O que, devo dizer, não me parece muito diverso do que se encontra na vida literária não virtual.)

POESIA EM TEMPO E EM ESPAÇOS DIGITAIS

O que há de novo, do meu ponto de vista, é que, para usar a terminologia de Eça, o público se concretiza muito rapidamente em leitores, se pessoaliza. E a constituição de grupos por afinidade de gosto e de expectativas literárias se faz com muita rapidez e independente de fronteiras geográficas e mesmo linguísticas.

No tocante à constituição de grupos, merecem reflexão os *sites* literários em que à crítica se junta a produção. No Brasil, temos um caso paradigmático no Portal Cronópios – que celebra dez anos de existência (2015, ver abaixo, nota 2) – e se foi constituindo ao longo do tempo em espaço habitado por grande número de autores, que publicam, comentam uns aos outros e se organizam num espaço literário alternativo em relação ao que dizem ser o *mainstream* da literatura e (principalmente) da poesia brasileira.

Acolhendo resenhas, prosa, poesia e mantendo uma revista literária e uma seção infantil, além de uma de entrevistas em 3D com escritores, o Cronópios tem, sobre outros *sites* que são a versão digital das tradicionais revistas literárias, esse caráter de espaço simultaneamente anárquico e pessoalizado (afinal, pertence e é administrado por uma só pessoa, sendo um empreendimento privado). Menos preocupado em afirmar uma determinada linha de pensamento ou de ação, apresenta-se a si mesmo como um portal da "vivíssima literatura" – o que quer dizer, na verdade, qualquer literatura que se disponha a existir ali, naquele espaço virtual. Programa só exequível, evidentemente, por conta do baixo custo de manutenção e de acesso, e pela dimensão ilimitada do espaço digital[2].

Mas que poesia é essa, que circula nos espaços virtuais? Diferentemente do que se poderia esperar, é majoritariamente a mesma que circula em papel. Há inclusive alguma preferência de publicação na forma de fotografias e não de texto solto, garantindo assim seja a fixidez da ordenação

---

2. Quando este texto já tinha sido enviado para tradução, e antes da sua apresentação oral, faleceu o criador e mantenedor do portal, o Pipol. Dado o caráter pessoal da iniciativa, o enorme acervo do Cronópios corre o sério risco de desaparecimento, de dissolução. Esse fato daria matéria para alguma reflexão. E talvez, já que não tinha tempo de conduzir essa reflexão, pensei em retirar a referência ao Cronópios. Decidi, porém, não o fazer. Tanto para registrar aqui uma homenagem à memória e à obra notável do Pipol, quanto para marcar mais uma vez quão frágil é o universo virtual, em que a perenidade do documento não se compara à que tem os objetos do universo físico do papel e da tinta.

espacial, seja a referência direta ao livro – espaço ainda de consagração. No ambiente comum dos *sites* literários e do Facebook, não há grande quantidade de poesia digital. Pelo contrário ela se estrutura o mais das vezes em versos, ritmos tradicionais e linguagem coloquial. E a utilização da voz – quando há – já não vem revestida de um tom solene, que busca garantir a seriedade num meio que enfatiza o lúdico, como se dava nas oralizações de Augusto de Campos; vem, como se vê por exemplo no ambicioso projeto "A Derrubada do Sarriá", de Alckmar Santos, numa entonação neutra, de tom coloquial: uma leitura de expressão minimalista, que inclusive contrasta com os efeitos computacionais que a embalam.

A poesia original que circula no Facebook e nos *sites* que tenho frequentado, assim, é uma poesia que se apresenta na continuidade da tradição modernista. Mais para Drummond do que para Cabral – para usar dois modelos recorrentes. Mas ainda mais para Leminski. Isto é: menos uma poesia em que as ambiguidades do eu se apresentam em conflito com o mundo refletido e ordenado pela inteligência e pelo esforço de compreensão, do que uma poesia na qual a exposição da fragilidade do eu se junta ao gosto da frase de efeito, de modo que a ironia corroa (ou tente corroer) a gravidade do enunciado emotivo.

Isso porque há um aspecto que acho importante ressaltar e que será preciso pensar, no que diz respeito à poesia na época das redes sociais: a imediatez da publicação e da interação com o leitor constroem novos padrões de decoro, com consequências para a poesia que não poderão deixar de ser relevantes.

De fato, a autoexposição e o registro da impressão imediata (seja fotográfico ou com palavras) dão a tônica do momento em que a *selfie* é tão universal quando o *check-in* e o registro das emoções cotidianas do *status*. "No que você está pensando?", pergunta o Facebook no Brasil. E a resposta é normalmente o que se está sentindo. Ou, talvez, o que se deveria estar sentindo, o que se espera que alguém esteja sentindo em dado lugar ou situação.

Nesse contexto específico, a poesia precisa confrontar-se com outra maneira de expressar sentimentos, com outra forma de lidar com o jogo entre a expectativa e exposição pessoal. Quero dizer: uma boa parte do confessionalismo romântico que persistiu, transformando-se, ao longo da

POESIA EM TEMPO E EM ESPAÇOS DIGITAIS   217

modernidade, tem hoje formas de satisfação mais fáceis e eficazes do que a redação de um poema. Por outro lado, a intertextualidade e a erudição passam pelo crivo da conveniência e da suposta irrelevância do meio. E cada vez mais a poesia "erudita" se vê acuada nos nichos tradicionais, que talvez sofram ainda maiores reduções à medida que a nova sensibilidade produzida pelas redes se torne mais geral.

Assim, a poesia publicada no Facebook – mais do que a publicada nos *sites* literários – tem de encontrar um registro especial, tem de acolher a demanda de outra conveniência: a ditada pela comunicação instantânea e pela concorrência dos registros todos que apelam à autenticidade, sinceridade e expressão direta de sentimentos.

A pergunta que se apresenta a todo poema, se apresenta de forma mais dramática à poesia publicada *on line*, especialmente no Facebook: por que escrevo isto em linhas interrompidas, isto é, em forma de poesia? O que espero de um leitor virtual quando anoto as coisas de modo a sinalizar que não é ordenação comum das palavras, mas que se trata desse tipo de discurso que reconhecemos como "poesia"?

É certo que não podemos negligenciar o peso que tem – cada vez mais talvez – a autoridade capaz de avaliar a enorme massa da produção textual contemporânea. Além da construção de blocos de afinidades, parece ainda importante – em poesia como em matéria de jornalismo – a figura da autoridade capaz de separar o joio do trigo, de afirmar, com base num repertório e numa experiência de leitura, o que é o quê na aluvião de textos. E é verdade que a publicação em papel – embora os custos tenham diminuído a ponto de a autopublicação ser uma prática quase tão comum quanto manter um *blog* –, dependendo do selo editorial, ainda representa um princípio de ordenação e seleção, já que o livro sempre custa, o *marketing* custa e a distribuição em livrarias singulariza.

Mas minha intuição é que todas as formas de relação autor/leitor e de promoção e reconhecimento do autor de poesia que conhecemos desde o início da nossa modernidade estão passando por uma transformação enorme – cujo ritmo, direção e consequências eu creio que é urgente observar e tentar, sem preconceitos, entender. Porque se eu julgo que Eça de Queirós tinha alguma razão ao vincular a transformação do discurso literário na prosa do final do século XIX à alteração do papel do Autor e do Leitor e as duas às rotativas que impulsionaram os jornais e a produção massiva de livros, então não tenho por que não acreditar que, agora com relação à poesia, os novos meios e *sites* de comunicação eletrônica não venham a produzir uma mudança igualmente digna de nota, ao menos no Brasil, por conta da nossa específica formação de públicos. Não é uma esperança, queria deixar claro. Apenas a constatação de uma forte probabilidade.

Referências Bibliográficas

ARRIGUCCI JR., Davi. "A Luz de São Luís". *In*: GULLAR, Ferreira. *Poesia Completa, Teatro e Prosa*. Prefácio, organização e estabelecimento de texto de Antonio Carlo Secchin. Rio de Janeiro, Nova Aguilar, 2008.

ATHAYDE, Tristão de. "Um Murro no Muro". *In*: GULLAR, Ferreira. *Poesia Completa, Teatro e Prosa*. Prefácio, organização e estabelecimento de texto de Antonio Carlo Secchin. Rio de Janeiro, Nova Aguilar, 2008.

BAPTISTA, J. V. *Sol Sobre Nuvens*. São Paulo, Perspectiva, 2007.

BRITO, Mário da Silva. "Sobre o Poeta" (contracapa). *In*: GULLAR, Ferreira. *Poema Sujo*. Rio de Janeiro, Civilização Brasileira, 1976.

CALLADO, Antonio. "Sobre o Poeta" (contracapa). *In*: GULLAR, Ferreira. *Poema Sujo*. Rio de Janeiro, Civilização Brasileira, 1976.

CAMENIETZKI, Eleonora Ziller. *Poesia e Política: A Trajetória de Ferreira Gullar*. Rio de Janeiro, Revan, 2006.

CAMPOS, Haroldo de. *A Máquina do Mundo Repensada*. Cotia (SP), Ateliê Editorial, 2000.

_____. "Meninos Eu Vi". *Crisantempo*. São Paulo, Perspectiva, 1998, pp. 89 e ss.

CARPEAUX, Otto Maria. "Sobre o Poeta" (contracapa). *In*: GULLAR, Ferreira. *Poema Sujo*. Rio de Janeiro, Civilização Brasileira, 1976.

COHEN, J. M. *Poesía de Nuestro Tempo*. México, Fondo de Cultura Económica, 1963.

DANIEL, Cláudio & BARBOSA, Frederico. *Na Virada do Século – Poesia de Invenção no Brasil*. São Paulo, Landy Editora, 2007.

DANTAS, Pedro. "Sobre o Poeta" (contracapa). *In*: GULLAR, Ferreira. *Poema Sujo*. Rio de Janeiro, Civilização Brasileira, 1976.

FÉLIX, Moacyr. *41 Poetas do Rio*. Rio de Janeiro, Funarte, 1998.

FRANCHETTI, Paulo. "Atestado de Cultura". *Suplemento Literário*, vol. 1, pp. 28-29, Belo Horizonte, 2001 – disponível em http://paulofranchetti.blogspot.com.br/2012/06/atestado-de-cultura.html

FREIXEIRO, Fabio. *Da Razão à Emoção* II: *Ensaios Rosianos, Outros Ensaios e Documentos*. Rio de Janeiro, Tempo Brasileiro, 1971.

GOMBROWICZ, Witold. "Contra os Poetas". Trad. Clarisse Lyra e Rodrigo Lobo Damasceno. *Cadernos de Leitura*, n. 17, 2015, Edições Chão da Feira. Disponível em http://chaodafeira.com/wp-content/uploads/2015/06/cad17.pdf.

GULLAR, Ferreira. *Cultura Posta em Questão, Vanguarda e Subdesenvolvimento: Ensaios Sobre Arte*. 2. ed. Rio de Janeiro, José Olympio, 2006.

_____. *Poesia Completa, Teatro e Prosa*. Prefácio, organização e estabelecimento de texto de Antonio Carlos Secchin. Rio de Janeiro, Nova Aguilar, 2008.

_____. *Sobre Arte Sobre Poesia (Uma Luz do Chão)*. Rio de Janeiro, José Olympio, 2006.

HOLANDA, Sérgio Buarque de. "Toda Poesia (1950-1980)". *In*: GULLAR, Ferreira. *Poesia Completa, Teatro e Prosa*. Prefácio, organização e estabelecimento de texto de Antonio Carlos Secchin. Rio de Janeiro, Nova Aguilar, 2008.

JUNQUEIRA, Ivan. "A Luz da Palavra Suja". *In*: GULLAR, Ferreira. *Poesia Completa, Teatro e Prosa*. Prefácio, organização e estabelecimento de texto de Antonio Carlo Secchin. Rio de Janeiro, Nova Aguilar, 2008.

LAFETÁ, João Luiz. *A Dimensão da Noite*. São Paulo, Duas Cidades/Editora 34, 2004.

MORAES, Vinicius. "Sobre o Poeta" (contracapa). In: GULLAR, Ferreira. *Poema Sujo*. Rio de Janeiro, Civilização Brasileira, 1976.

NIETZSCHE, Frederico. "Da Utilidade e dos Inconvenientes da História para a Vida". *Considerações Intempestivas*. Trad. Lemos de Azevedo, Lisboa, Presença, 1976.

OLIVEIRA, Anelito. "A Lebre e a Serpente". *Orobó*, 16 jan. 2013. Disponível em http://anelitodeoliveira.blogspot.com.br/2013/01/ensaio-anelito-de-oliveira.html> Acesso em 29 jan. 2016.

REFERÊNCIAS BIBLIOGRÁFICAS

SECCHIN, Antonio Carlos. "Gullar: OBRAVIDA". *In*: GULLAR, Ferreira. *Poesia Completa, Teatro e Prosa*. Prefácio, organização e estabelecimento de texto de Antonio Carlos Secchin. Rio de Janeiro, Nova Aguilar, 2008.

SISCAR, M. "Siesta". *Inimigo Rumor*, n. 20, p. 148, São Paulo, 2008.

TÁPIA, Marcelo. *Refusões – Poesia 2017-1982*. São Paulo, Perspectiva, 2017.

Índice Onomástico

AGAMBEN, Giorgio 153
ALVES, Ida 135
ALVIM, Francisco 13, 57-59
AMADO, Jorge 210
ANDRADE, Mário de 57-58, 138
ANDRADE, Oswald 43, 80, 114, 175, 195-196
ANDRESEN, Sophia 163
ARISTÓTELES 169, 174
ARNOSO, Conde de 203
ARRIGUCCI 80, 105
ARRIGUCCI JR., Davi 37, 79, 103
ASSIS, Machado de 10
ASSUNÇÃO, Ademir 119
ATHAYDE, Tristão de 36
AUERBACH 170
AVANCINI, Walter 210
ÁVILA, Carlos 118
AZEVEDO, Carlisto 128-129

BACK, Silvio 117

BALZAC 113-114
BANDEIRA, Manuel 32, 58,72, 80, 103, 106, 164, 196
BAPTISTA, Abel Barros 10
BAPTISTA, Josely Vianna 117, 125
BARBOSA, Frederico 118
BARNABÉ, Arrigo 210
BARTHES 115
BAUDELAIRE 54-55, 72-73, 92, 205
BELO, Ruy 163
BENJAMIN 64
BERARDINELLI, Alfonso 173
BERCEO 98
BISHOP, Elisabeth 52, 55
BONVICINO, Régis 117
BRAGA, Rubem 209
BRANCO, Camilo Castelo 10, 137
BRITO, Mário da Silva 46
BRITO, Paulo Henriques 162
BUARQUE, Chico 209-210
BURNS 47

CABRAL 30, 70, 98, 164-165, 208, 216

CAEIRO, Alberto 93

CALIXTO 118

CALLADO, Antonio 46

CAMÕES 61-62, 140, 147

CAMPOS, Augusto de 19, 20,43-45, 83, 95, 198, 216

CAMPOS, Haroldo de 15, 18-21, 44, 61-62, 64, 94-95, 118, 147-148

CAMPOS, Paulo Mendes 208

CANDIDO, Antonio 10-11, 109, 186, 211

CAPRONI 153

CAPRONI, Giorgio 153

CARLYLE 47

CARPEAUX, Otto Maria 37, 47, 105

CESAR, Ana Cristina 49-50, 52-55

CHARDIN 204

CÍCERO, Antônio 161

COHEN, J. M. 97

COHN, Sérgio 185

DAMAZIO, Reynaldo 118

DANIEL, Cláudio 119

DANTAS, Pedro 46

DANTE 61-62

DEGUY, Michel 160

DICK 118

DILMA 48

DOITOIÉVSKI 151

DRUMMOND, Carlos 12-13, 21, 32, 57-59, 61, 72, 80, 103-106, 140--141, 147, 178, 209, 216

EINSTEIN 61

ELIOT, T. S. 72, 97, 148, 174

FARIA, Daniel 163

FERNANDES, Millôr 213

FIÚZA, Solange 135

FRANCHETTI, Paulo 98

FRANCO, Walter 210

FREITAS FILHO, Armando 49, 51-53, 67, 70

FREIXEIRO, Fabio 98

FRIEDRICH, Hugo 17, 115, 173-174

GALILEU 61

GOMBROWICZ, Witold 140, 151-152, 158, 164

GOMES, Dias 209

GÓNGORA 183

GULLAR, Ferreira 13, 28-29, 31-36, 38-42, 43-48, 72, 74, 141, 198

HAMBURGER, Michael 173, 176

HANSEN, João Adolfo 71

HEGEL 104

HELDER, Herberto 163

HILST, Hilda 21, 163, 178

HOLANDA, Sérgio Buarque de 46

HÖLDERLIN 153

HOMERO 62

HUGO, Victor 137, 140, 205, 206

JOHNSON 47

JUNQUEIRA, Ivan 36

KAVÁFIS 72

KIERKEGAARD 90

LA PALISSE 153

LAFETÁ, João Luiz 32-33, 35-38

LEMINSKI, Paulo 117, 119, 178, 210, 216

LEÔNI, Raul de 115

ÍNDICE ONOMÁSTICO

LIMINSKI 19

LULA 48

MALLARMÉ 15, 17, 20, 62, 72, 75, 122, 137, 173, 189, 205-206

MAN, Paul de 22

MARINONNI 204

MARTINS, Oliveira 10

MARX, Karl 30, 46

MATTOSO, Glauco 157

McLEISH, Archibald 15

MELO NETO, João Cabral de 14, 18-19, 21, 27, 67, 98, 207, 210

MENDES, Murilo 80

MIGUEL, A. 161

MIGUEL-MANSO 155, 157

MILLIET, Sérgio 57

MONTALE 72

MONTEIRO, Adolfo Casais 21

MONTENEGRO, Delmo 118

MORAES, Vinicius de 46, 48, 210, 213

MOREIRA, Luiza Franco 109, 110--112

NERUDA, Pablo 140

NEWTON 61

NIETZSCHE 22

OLIVEIRA, Anelito de 141

OLIVEIRA, Nelson de 118

PAES, José Paulo 79-81

PATRAQUIM, J. L. 157

PATRAQUIM, Luís Carlos 157

PÊCHEUX, M. 180

PERKINS, David 172

PERRONE-MOISÉS, Leyla 113-114

PESSANHA, Camilo 9-11, 175

PESSOA, Fernando 10-11, 21, 88, 140, 171

PIGNATARI, Décio 20, 44, 83, 117, 198

PINHEIRO, Neuza 118

PIPOL 215

PIVA, Roberto 21, 178

PLATH, Sylvia 52

POINCARÉ 61

POUND, Ezra 140, 148, 156, 159

QUEIRÓS, Eça de 10, 203-205, 215, 218

QUENTAL, Antero de 11

QUINTANA, Mário 213

RICARDO, Cassiano 12, 110, 112

RIMBAUD 20, 72, 114

RISÉRIO, Antônio 20, 118

ROSA, Guimarães 46

ROUSSEAU 47

SABINO, Fernando 209

SANTOS, Alckmar 216

SCHENBERG 64

SCHILLER 106

SCHNAIDERMAN, Leila 117

SCHWARZ, Roberto 13

SECCHIN, Antonio Carlos 36-37

SHAKESPEARE 151

SILVA, Wilmar 157

SILVEIRA, Enio 30

SILVEIRA, Regina 117

SILVESTRIN, Ricardo 118

SISCAR, Marcos 71, 78, 121, 125

SODRÉ, Nelson Wermeck 46

SOUZA, Marcelo Paiva de 151

STENDHAL 144

STERZI, Eduardo 17

Suzuki, Márcio 106

Tamen, Miguel 22
Tápia, Marcelo 19, 83, 93-94, 96-97
Tolentino, Bruno 198

Van Gogh 87, 95

Veloso, Caetano 209-210
Verde, Cesário 114-115
Villaça, Alcides 42

Zabel, Morton Dauen 207
Zola 205

Título	*Crise em Crise – Notas sobre Poesia e Crítica no Brasil Contemporâneo*
Autor	Paulo Franchetti
Editor	Plinio Martins Filho
Produção Editorial	Aline Sato
Capa	Tomás Martins (projeto)
	Camyle Cosentino (arte)
	Piro4d/pixabay.com (imagem)
Editoração Eletrônica	Camyle Cosentino
	Aline Sato
Formato	16 x 23 cm
Tipologia	Minion Pro
Papel	Chambril Avena 80 g/m² (miolo)
	Cartão Supremo 250 g/m² (capa)
Número de Páginas	232
Impressão e Acabamento	Forma Certa